W0256276

Security Einfach Machen

Ferri Abolhassan (Hrsg.)

Security Einfach Machen

IT-Sicherheit als Sprungbrett für die Digitalisierung

Springer Gabler

Ferri Abolhassan
T-Systems International GmbH
Saarbrücken, Deutschland

ISBN 978-3-658-14944-4   ISBN 978-3-658-14945-1 (eBook)

Die Deutsche Nationalbibliothek verzeichnet diese Publikation in der Deutschen Nationalbibliografie; detaillierte bibliografische Daten sind im Internet über http://dnb.d-nb.de abrufbar.

Springer Gabler

Redaktion: Gina Duscher, Gerd Halfwassen, Albert Hold, Beatrice Gaczensky, Dominique-Silvia Kemp, Thomas van Zütphen.

Gedruckt auf säurefreiem und chlorfrei gebleichtem Papier

Springer Gabler ist Teil von Springer Nature
Die eingetragene Gesellschaft ist Springer Fachmedien Wiesbaden GmbH

Geleitwort

Vertrauen ist die Basis der Digitalisierung

Wenn es um die weitere Entwicklung unserer Gesellschaft und Wirtschaft geht, dominiert ein Wort die Debatte: Digitalisierung. Dass Menschen, Maschinen und Geräte zunehmend miteinander vernetzt werden, ist Konsens. Diskutiert wird allerdings, ob das gut oder schlecht ist. Sorgt die Digitalisierung dafür, dass die Menschen entlastet werden, und damit für Fortschritt, Komfort und Freiheit? Oder sorgt sie dafür, dass unser Gesellschafts- und Sozialsystem kollabiert und wir zum gläsernen Bürger werden, der die Kontrolle über die eigenen Daten verloren hat und dessen Arbeit kaum mehr benötigt wird? Die Antworten kann keiner alleine kennen. Vermutlich werden sie nicht schwarz oder weiß ausfallen, sondern irgendwo dazwischenliegen. Sicher ist allerdings: Wir können diese Entwicklung nicht verhindern, nur gestalten. Experten gehen davon aus, dass bis zum Jahr 2020 mehr als 50 Milliarden Geräte miteinander vernetzt sein werden: von Smartphones über Autos bis hin zu Industriemaschinen. Dadurch entsteht eine unvorstellbare Menge an Daten, die gespeichert und verarbeitet werden. Diese Daten werden zum wichtigsten Rohstoff unserer digitalen Gesellschaft, zum Öl unserer Wirtschaft.

Digitalisierung bietet großartige Chancen

Zweifellos ergeben sich durch die Digitalisierung großartige Chancen: mehr Sicherheit im Straßenverkehr zum Beispiel durch selbststeuernde Autos. Oder die Übernahme von lästigen Aufgaben durch Maschinen, die direkt miteinander kommunizieren können. Oder gar ein längeres und gesünderes Leben durch telemedizinische Anwendungen sowie neue Forschungsergebnisse durch die Auswertung großer Datenmengen. Eine entscheidende Voraussetzung für die erfolgreiche Digitalisierung ist allerdings das Vertrauen der Menschen in Datenschutz und Sicherheit der neuen Dienste. Ohne Vertrauen werden die Menschen die neuen Dienste nicht nutzen. Im Gegenteil: Es wird eher der Reflex entstehen, die Entwicklungen der Digitalisierung verhindern zu wollen.

Das ist aber nicht möglich: Untergraben wir die Entwicklung der Digitalisierung in Europa, entstehen die neuen Dienste eben weiterhin vor allem an der Westküste der USA. Den Europäern bliebe nur die Möglichkeit, ihre Daten dorthin zu geben und veredelte

Produkte zurückzuerhalten – Europa als digitale Kolonie sozusagen. Im Bereich der Dienste für Endkunden ist das überwiegend schon heute der Fall: An Facebook, Google und Co. kommt niemand vorbei. Besser sind die Chancen im Markt für Geschäftskunden-Lösungen: Das Internet der Dinge und die Industrie 4.0 bieten den Europäern die Chance, bei der Digitalisierung aufzuholen.

Datenschutz und digitale Geschäftsmodelle sind kein Gegensatz
Politik, Wirtschaft, Wissenschaft und Gesellschaft sind deshalb in der Verantwortung, die richtigen Leitplanken zu entwickeln, damit die Menschen den neuen Diensten vertrauen können. Dabei muss die digitale Souveränität der Menschen im Vordergrund stehen. Sie wird gewährleistet durch ein hohes Maß an Transparenz, Entscheidungsfreiheit der Kunden und die Entwicklung von datenschutzfreundlichen Lösungen. Dafür müssen Datenschutzexperten von Anfang an in die Entwicklung neuer Produkte und Dienste einbezogen werden, in denen personenbezogene Daten verarbeitet werden. Kunden müssen einfach verstehen können, wofür ihre Daten genutzt werden sollen, und dann bewusst darüber entscheiden können. Zudem braucht es für digitale Geschäftsmodelle effektive Methoden der Anonymisierung und Pseudonymisierung, die sicherstellen, dass einzelne Personen ohne ihre Zustimmung nicht identifizierbar sind.

Wir haben in Deutschland und Europa traditionell ein hohes Datenschutzniveau. Es ist gut, dass wir mit der Datenschutzgrundverordnung einheitliche Regeln in ganz Europa bekommen, die gleichzeitig ein hohes Datenschutzniveau garantieren und dennoch neue digitale Geschäftsmodelle ermöglichen. Es kann nicht darum gehen, einzelne Branchen oder Modelle der Datenverarbeitung zu regulieren. Vielmehr benötigen wir klare und einheitliche Leitplanken für den Umgang mit Daten, die sowohl für die Kunden als auch die Unternehmen Sicherheit und Vertrauen schaffen. Zudem brauchen die Menschen Bildung und Informationen zum Umgang mit Technologien und den eigenen Daten – und das von Kindesbeinen an.

Sicherheit muss einfach sein
Mit der Digitalisierung steigt aber auch das Risiko für Verbraucher und Unternehmen, Opfer digitaler Angriffe zu werden. Die wirtschaftlichen Schäden durch Cyberangriffe schätzt das Center for Strategic and International Studies (CSIS) weltweit auf mehr als 400 Milliarden Euro pro Jahr. Täglich gibt es bis zu 400.000 neue Viren, Würmer und Trojaner im Netz. Hinzu kommt, dass Cyberkriminelle Schwachstellen inzwischen innerhalb von wenigen Stunden ausnutzen können und täuschend echte Mails versenden, um Schadcodes einzuschleusen. Vom befallenen Rechner aus kapern die Kriminellen weitere Rechner im Unternehmensnetz und suchen sich die Informationen, die sie haben möchten. Oft dauert es Monate, bis die betroffenen Unternehmen merken, dass sich ein Angreifer im Netz befindet oder befunden hat.

Sicherheitsbehörden, Unternehmen und Privatpersonen müssen deshalb ebenfalls aufrüsten, um sich besser zu schützen. Verhaltensbasierte Analyse und Analyse von Systemzuständen heißen die Schlüsselwörter aktueller Cyberabwehr. Prävention durch Schutzwälle um die IT-Systeme alleine genügt nicht. Häufig sitzen die Kriminellen – etwa durch ausgefeilte Social-Engineering-Maßnahmen – bereits im Netz. Dann geht es darum, sie möglichst schnell zu entdecken. Aufgespürt werden können diese Angreifer durch Beobachtung von Anomalien in Netzen. Für die Entwicklung solcher Lösungen bündelt die Telekom ihre Expertise derzeit in einer neuen Organisationseinheit, der „Telekom Security".

Bei den neuen Sicherheitsprodukten steht eines im Vordergrund: Sicherheit muss einfach sein. Bisher war die Sicherheit von Lösungen und Produkten eher eine Zusatzfunktion, die ins fertige Produkt integriert wurde. Zunehmend wird sie von Anfang an mitgedacht und so besser integriert.

Aus Perspektive des Anwenders gilt aber auch: Vier von fünf Angriffen sind bereits durch einfache Schutzmaßnahmen aufzuhalten. Deshalb ist es so wichtig, dass Nutzer beispielsweise einen aktuellen Virenschutz verwenden und das Betriebssystem immer auf dem aktuellen Stand halten. Smartphones sind übrigens Hochleistungsrechner, die genauso geschützt werden müssen. Auch diese Eigenverantwortung gehört zur digitalen Souveränität.

Sie sehen: Die Debatte über die Digitalisierung hat viele Aspekte, und Sicherheit ist ein entscheidender Erfolgsfaktor. Ich freue mich, dass der Cyber Security mit diesem Buch die nötige Aufmerksamkeit gegeben wird, und wünsche Ihnen eine spannende Lektüre!

Ihr
Dr. Thomas Kremer
Vorstand Datenschutz, Recht und Compliance der Deutschen Telekom

Autor

 **Dr. Thomas Kremer** ist seit Juni 2012 Vorstand für Datenschutz, Recht und Compliance bei der Deutschen Telekom AG. Im September 2013 wurde er darüber hinaus in die Regierungskommission Deutscher Corporate Governance Kodex berufen. Seit November 2015 ist er zudem Vorsitzender des Vereins „Deutschland sicher im Netz". Vor seiner Tätigkeit bei der Deutschen Telekom arbeitete Kremer für die ThyssenKrupp AG. Nach seinem Eintritt in die Rechtsabteilung im Jahr 1994 übernahm er dort 2003 als Chefjustitiar die Leitung der Holding-Rechtsabteilung der ThyssenKrupp AG, die im weiteren Verlauf auch das Compliance-Programm entwickelte. 2007 wurde er zusätzlich zum Chief Compliance Officer des Konzerns ernannt. Im Jahr 2009 übernahm er die Leitung des neu gegründeten Corporate Centers Legal & Compliance, 2011 erfolgte die Ernennung zum Generalbevollmächtigten.

Zu den weiteren Stationen in seinem beruflichen Werdegang zählt die Arbeit als Rechtsanwalt in der Sozietät Schäfer, Wipprecht, Schickert in Düsseldorf (heute CMS Hasche Sigle). Nach seinem Studium der Rechtswissenschaften war Thomas Kremer als wissenschaftlicher Mitarbeiter an der Rheinischen Friedrich-Wilhelms-Universität in Bonn tätig. 1994 promovierte er zum Doktor der Rechte.

Inhaltsverzeichnis

Security: Die echte Herausforderung für die Digitalisierung

Ferri Abolhassan

1.1 Intro

Zugausfälle vorhersehen und so Schäden bis in sechsstelliger Höhe pro Ausfall vermeiden. Oder heute dem Einkauf schon sagen können, welche Artikel übermorgen von Kunden bestellt werden. Das ist schon Realität. Warum weiß der CIO meist sogar mehr und schneller über das Kerngeschäft Bescheid als der CEO oder die Fachbereiche? Weil er dank Digitalisierung mit IoT & Co. Unmengen von Informationen zu Kunden, Maschinen und Prozessen gewinnt. Und das ist neu. Damit ist er in der Lage, besser und vor allem schneller – idealerweise in Echtzeit – Entscheidungen vorzubereiten und zu treffen. Damit wird der CIO mehr denn je zum wichtigsten Sparringspartner und Impulsgeber für den CEO.

Doch um dieser Rolle gerecht zu werden, muss die Technik hundertprozentig funktionieren. Um dem CIO den Rücken freizuhalten, bedarf es dreierlei. Erstens: Die IT muss stabil laufen. Zweitens: Die eingesetzten Lösungen müssen zuverlässig zusammenspielen. Und drittens: Neben höchster Qualität muss vor allem ein Maximum an Sicherheit gewährleistet sein. Das ist die absolute Voraussetzung. Denn mit zunehmender Digitalisierung hängt die Geschäftsfähigkeit von Unternehmen zunehmend von der IT ab. Erst wenn Qualität, Zuverlässigkeit **und** Sicherheit nachhaltig stimmen, gewinnt der CIO die notwendigen Freiheitsgrade für Innovationen. Und erst dann kann er wirklich Fahrt in Sachen Digitalisierung aufnehmen. Das Rückgrat dafür ist die Cloud. Denn nur sie kann die Masse an strukturierten und vor allem unstrukturierten Daten zentral sammeln, speichern und auswerten und so maximalen Nutzen aus digitalen Technologien ziehen – selbst wenn der Datenberg weiter wächst.

Daten und die Erkenntnisse daraus werden immer wertvoller. Und sind zu schützen. In jeder Hinsicht – physisch, technisch und rechtlich. Das wissen wir. Und doch tun wir zu wenig dafür. Weil Sicherheit komplex, unbequem und langsam ist. Das muss sich ändern. Security muss einfach sein, damit sie genutzt wird. Das heißt: einfach zu beziehen, einfach zu betreiben und einfach zu bedienen. Denn Sicherheit ist kein Selbstzweck – sondern

Voraussetzung dafür, dass Digitalisierung überhaupt stattfinden kann. Erst dann schafft sie einen wirklichen Kundennutzen. Und das gelingt nur mit einer Cloud, die maximal stabil und sicher ist. Das ist die echte Herausforderung. Und nur so wird Sicherheit zum Sprungbrett für die Digitalisierung.

1.2   Status quo: Die Cloud ist das Rückgrat der Digitalisierung

Wenn für Analysten wie Gartner der Hype um die Digitalisierung schon vorüber ist (vgl. Hagenau 2015), heißt das im Klartext: „Vorbei die Zeiten, in denen Digitalisierung und Cloud Computing", wie Forrester-Advisor Dan Bieler es nennt, „immer wieder als ‚neue Sau durchs Dorf getrieben' werden." Die Aufregung weicht sinnvollem Pragmatismus. Denn vor allem die Cloud ist längst in den Unternehmen angekommen. Und für die geht es jetzt ans Arbeiten. Denn das Rad der Digitalisierung ist von niemandem aufzuhalten, geschweige denn noch einmal zurückzudrehen. Und zwar unabhängig davon, wo jedes einzelne Unternehmen steht – ob Services in der Cloud entwickelt oder gar ganze Legacy-Systeme in die Cloud verlagert werden müssen oder ob das Internet der Dinge erschlossen werden soll.

Egal welchen aktuellen Trend ein Unternehmen heute aufgreift, die Basis dafür ist die Cloud. Was vor zehn Jahren noch eine neue Entwicklung war, ist heute Voraussetzung für nahezu alle Vorhaben in Sachen Digitalisierung. Denn nur die Cloud bietet die notwendige Kapazität, Kosteneffizienz und Agilität, um die aktuellen und künftigen Anforderungen der Digitalisierung zu erfüllen.

Doch wie sieht die Cloud eigentlich aus? Für die einen schon Commodity, für andere noch Must-have. Aber warum ist es alles andere als trivial, ein Unternehmen in die Cloud zu bringen? Die Antwort auf diese Fragen ist komplex, denn: DIE Cloud gibt es heute nicht. Sie hat sich in den vergangenen Jahren stark diversifiziert, sodass Anwender mittlerweile aus einer Vielzahl verschiedener Angebote wählen können und diejenige Cloud-Lösung einsetzen, die ihren Anforderungen am besten entspricht. Dabei führt der Weg von On-Premise-Systemen hin zur Private, Public oder Hybrid Cloud. Und über allem steht die Frage: Was ist wie sicher, wenn ich das eine mit dem anderen vernetze?

Zu Recht. Während Public Clouds öffentlich über das Internet zugänglich sind, ist die Private Cloud individueller konzipiert und durch ihren begrenzten Zugang für eine fest definierte Nutzergruppe zusätzlich geschützt. Die Hybrid Cloud eröffnet Unternehmen das Beste aus beiden Welten: Die Kombination aus Private und Public Cloud mit eigenbetriebener IT. Die Kunden entscheiden, welche Daten sie in der Private und welche in der Public Cloud hosten.

Aber die Angriffsfläche wächst – Stichwort „Internet of Things": Mit der laut IDG bis zum Jahr 2020 anstehenden Vernetzung von bis zu 50 Milliarden Dingen sogar exponentiell. Denn es wächst nicht nur die Anzahl der Sensoren, sondern auch die Datenmenge und der Wert der Erkenntnisse aus den Daten. Damit nimmt auch das Schutzbedürfnis exponentiell zu. Kein Wunder also, dass dem aktuellen Cloud-Monitor von Bitkom und KPMG zufolge die Cloud-Nutzung zwar ansteigt, aber die Sicherheitsbedenken der potenziellen Nutzer ein noch stärkeres Wachstum bremsen (vgl. Bitkom, KPMG 2015). Konkret sind für „90 Prozent der Entscheider aus Politik und Wirtschaft" Bedenken bei der IT-Sicherheit aktuell der wichtigste Hinderungsgrund in Bezug auf Industrie 4.0 (vgl. Hill 2015).

Sicher ist eins: Sowohl die Digitalisierung als auch die Cloud sind untrennbar mit der Grundanforderung maximal möglicher Security, Zuverlässigkeit und Qualität verbunden – dies umfasst die Sicherheit von Daten, Prozessen und Netzen bis hin zu Security von Rechenzentren und Infrastrukturen sowie Applikationen und Endgeräten. Es gilt aber auch, das Zusammenspiel dieser Ebenen zu schützen – und zwar, ohne dass es für die Anwender zum Klimmzug wird. Deshalb gilt: Security muss nicht nur in puncto Skalierbarkeit ein Spiegel der Digitalisierung sein. Sie muss auch leicht und einfach zu beziehen, zu implementieren, zu betreiben und anzuwenden sein.

1.3 Datensicherheit: Nur eine sichere Cloud führt auch zu sicherer Digitalisierung

Die Sicherheit – und in den Zeiten der Digitalisierung insbesondere die Datensicherheit – ist immer Voraussetzung für den Geschäftserfolg. Nur wenn die Cloud sicher ist, hat sie eine Zukunft. Erst mit der Cloud spielen Unternehmen die Potenziale des IoT aus. Doch wenn die IT-Sicherheit so fundamental wichtig ist und Unternehmensverantwortliche dies auch selbst entsprechend bewerten – warum tun sich Unternehmen so schwer mit der Umsetzung? Die Gründe hierfür sind vielfältig. Häufig wird Sicherheit als komplex, teuer und aufwendig in der Implementierung wahrgenommen – ein Grund, der sich durch einfache und kosteneffizient einsetzbare Security-Lösungen entschärfen lässt. Was langfristig schwieriger zu lösen ist, ist das fehlende fachliche Know-how insbesondere im Mittelstand. Es gibt bereits erste Security-spezifische Studiengänge, die dieses Problem angehen. Jedoch wird die forcierte Ausbildung einer ausreichenden Anzahl von Experten noch einiges an Zeit in Anspruch nehmen. Allen Verzögerungen bei der Security-Implementierung zum Trotz ist ein umgehendes Handeln gefragt. Denn die Angriffe werden immer professioneller und die Schäden, die sie verursachen, größer. So existieren laut BSI bereits international operierende Angreifer, die sich auf die Erpressung von Unternehmen – insbesondere aus dem Financial-Services-Bereich – fokussieren. Und deren Attraktion steigt. Studien zufolge wurden 33 Prozent aller Finanzdienstleister schon einmal Opfer von Cyber-Kriminellen. Im Durchschnitt aller anderen Industrie-Branchen liegt der Wert bei 17 Prozent. Dabei suchen die Angreifer ganz gezielt nach IT-Schwachstellen und nutzen diese systematisch aus. Der BSI hat allein für die elf am meisten eingesetzten Software-Produkte in den ersten neun Monaten des Jahres 2015 insgesamt 847 kritische Schwachstellen verzeichnet (vgl. Sievers 2015).

Doch wie schaffen Unternehmen den Sprung in eine sichere Zukunft, in der sie gegen Bedrohungen jeglicher Art gefeit sind? Und wie müssen sichere Cloud-Lösungen als Basis ihrer Digitalisierung konzipiert sein, damit Unternehmen sie nicht als Risiko sehen, sondern als Chance?

1.3.1 Risiko Transformation: Der Weg in die Cloud muss ein leichter sein

Fest steht: Cloud und Digitalisierung gehört die Zukunft. Sie bieten eine große technologische Vielfalt und ein unermessliches Potenzial für Unternehmen aller Branchen. Dass Unternehmen dennoch zögern, hat plausible Gründe, die so vielfältig sind wie die Technologie selbst: Zum einen handelt es sich um technologisch komplexe Lösungen, die für die IT-Abteilungen eines Unternehmens kaum mehr überschaubar sind. Dazu kommt die Qual der Wahl bei den Anbietern, die durch mangelnde Transparenz bei den Produkten weiter erschwert wird. Last but not least: die Investitionen. Bevor sich die Vorzüge der Cloud ausschöpfen lassen, ist ein finanzieller Invest notwendig.

Planungsrisiken und finanzielle Risiken: Unternehmen sind nach der Entscheidung für eine Cloud-Lösung oftmals langfristig an einen Provider gebunden, wodurch ihnen die Flexibilität fehlt, schnell und einfach in eine sichere Cloud-Umgebung zu wechseln. Dazu kommt, dass lange Verträge potenzielle Kunden abschrecken. Es gibt auf dem Markt kaum bis gar keine Player, sprich IT-Dienstleister, die ernsthaft versuchen, Unternehmen einen Teil des unternehmerischen Risikos abzunehmen. Ideen wie die Aufhebung des Vendor-Lock-ins werden in der Branche als Tabubruch angesehen. Die ganze Outsourcing-Historie basiert auf langfristigen Verträgen. Verlässt ein Kunde diesen vertraglich geschützten Raum, benötigt er ein hohes Maß an Selbstvertrauen in die Bereitstellung und Verfügbarkeit der eigenen Services und der IT. Und genau hier setzen neue Konzepte wie Outsourcing ohne lange Vertragsbindung oder die Transformation von Legacy-Applikationen in der Cloud zum Festpreis an. Die Möglichkeit, jederzeit flexibel zu kündigen – das ist ein echter Mehrwert und ein Signal, als IT-Provider das Risiko des Kunden mitzutragen. Gleichzeitig werden Investitionen planbar und Kosten transparent. Fehlleistungen des IT-Anbieters lassen sich sofort ahnden.

Operationalisierungsrisiken: Komplexe, über Jahre gewachsene IT-Architekturen und -Landschaften lassen sich traditionell nur sehr schwer digital transformieren. Denn es geht hier um Hunderte bis Tausende von Anwendungen, die oftmals ineinandergreifen. Schaltet man eine von ihnen ab, ist der Effekt auf die anderen Anwendungen kaum absehbar. Dies ist umso gravierender, als auch immer geschäftskritische Prozesse und Infrastrukturen betroffen sind. Die Umsetzung höchster Sicherheitsstandards legt die Latte dabei noch einmal höher. „Ein sogenannter ‚Cloudifier‘, der digitale Transformation beherrscht und Anwendungen in unterschiedlichsten Cloud-Modellen managen kann und on top ihre Sicherheit gewährleistet, wird man nicht über Nacht" – diese Aussage von Andreas Zilch von PAC bringt es auf den Punkt. Für eine geräuschlose Cloud-Transformation und Systemintegration im Zusammenspiel mit einer anwendungsspezifischen Cloud-Orchestrierung braucht es jahrelange Erfahrung. Die Zusammenarbeit mit IT-Integrationsexperten zur Migration komplexer Applikationslandschaften in die Cloud bei gleichzeitiger Modernisierung und Konsolidierung überwindet dieses Problem. Des Weiteren trägt der Einsatz hochmoderner Cloud- und Sicherheitstechnologien aus hochsicheren, zertifizierten Rechenzentren dazu bei, höchste Anforderungen an Datensicherheit und -schutz zu erfüllen.

1.3.2 Risiko Incident: Damit die Cloud nicht abstürzt

Neben der Auseinandersetzung mit betriebswirtschaftlichen Risiken und der Zusammenarbeit mit IT-Experten geht es in erster Linie auch darum, dass die Cloud-Technologien an sich bereits sicher sein müssen – das heißt auch, dass sie eine hohe Zuverlässigkeit und Verfügbarkeit bieten, damit Nutzer sich auf sie verlassen können – ebenso wie auf ihre inhärente Security, die reibungslos funktionieren muss. Doch wie sind Unternehmen gegen Ausfälle gefeit?

Incident-Risiken: Insbesondere komplett vernetzte Wertschöpfungsketten und Infrastrukturen bergen das Risiko von Incidents mit schwerwiegenden Folgen: Heute steuern vernetzte IT-Systeme immer häufiger lebensnotwendige Maschinen und Abläufe. Man denke nur an Intensivstationen und Operationssäle, Hochgeschwindigkeitsstrecken der Bahn oder Flugzeuge. Eine fehlerfrei funktionierende IT ist unerlässlich. Fest steht aber auch: Es gibt keine IT ohne Zwischenfälle. Was es aber gibt, ist Prävention kombiniert mit einer sofortigen Problemerkennung und Reaktion, das heißt ein unmittelbares strukturiertes Vorgehen im Fall der Fälle – eingebettet in ein holistisches Qualitätsmanagement.

Mit einem umfassenden Qualitätsmanagement ist es möglich, sich den 100 Prozent Ausfallsicherheit sehr stark anzunähern. Bewährt hat sich ein Modell basierend auf drei Säulen. Komponente eins: die Prävention. Unternehmen identifizieren ihre geschäftskritischen Punkte auf den Ebenen Plattformen, Prozesse und Personal – und sorgen vor. So führt etwa schon eine konsequent doppelt angelegte Rechenzentrumstechnik zu Verfügbarkeiten der Plattformen von bis zu 99,999 Prozent. Damit lässt sich das Risiko von Ausfällen auf nur wenige Minuten pro Jahr senken. Darüber hinaus sollten Prozesse klassifiziert und Notfallpläne für die unterschiedlichsten Szenarien entwickelt werden. Und schließlich muss Qualität Teil der Unternehmenskultur sein, die von jedem Mitarbeiter gelebt wird. Das ist ein Prozess, der Jahre dauert. Komponente zwei: die Readiness. Handlungsfähigkeit im Krisenfall erfordert buchstäblich Übung. Bei T-Systems absolvieren wir weltweit bis zu 500 sogenannte „fire-drills". Die regelmäßige Simulation des Ernstfalls und die Kontrolle aller für das Incident Management nötigen Schritte sorgen dafür, dass – für Komponente drei, die Aktion im echten Vorfall – Plattformen, Prozesse und Personal bestmöglich eingespielt bleiben. Dazu gehört unbedingt auch, dass bei jedem Zwischenfall rund um die Uhr ein Manager-on-Duty und ein Vertreter des Top-Managements für die Behebung des Problems verantwortlich sind, und zwar so lange, bis das Problem gelöst ist.

Erst das aufeinander abgestimmte Zusammenspiel von Mensch und Technik ermöglicht stabile und sichere Cloud-Services. Deshalb will T-Systems noch in diesem Jahr mit dem Aufbau eines Ökosystems von Partnern beginnen, die sich alle dem Null-Fehler-Prinzip verpflichten und gemeinsame Regeln für das Qualitätsmanagement einhalten. Die industrieübergreifende Zusammenarbeit von Unternehmen kann künftig nur funktionieren, wenn es einen einheitlichen Industriestandard für Qualität in der IT gibt. Qualität „Made in Germany" avanciert damit mehr und mehr zum Gütesiegel. T-Systems selbst hat bereits mit der Qualitätsinitiative Zero Outage und der Zertifizierung von rund 22.000 Mitarbeitern und 100 Systempartnern innerhalb von fünf Jahren die Anzahl der Systemausfälle um 95 Prozent gegen null gesenkt – ein Aspekt, der nicht nur für Konzerne, sondern auch für den Mittelstand und im Grunde sogar für Privatkunden an Bedeutung gewinnt.

Automatisierung der Security: Dieses strukturierte und standardisierte Vorgehen ist nur folgerichtig – ist doch die Cloud die Automatisierung der IT. Daraus folgt, dass heute eine Automatisierung der Sicherheit erforderlich ist – und zwar auf allen Ebenen. Damit Security auch in diesem Sinne die Einfachheit des Cloud-Betriebs – zum Beispiel als Managed Service – widerspiegelt. Und damit Produkte und Services von Anfang an vorinstalliert und durchgängig auf den Prüfstand gestellt werden. Das Security-by-Design-Prinzip muss im Zentrum jeder Produktentwicklung und Implementierung stehen. Dies umfasst die Software-Sicherheit über den gesamten Lebenszyklus hinweg, aber auch die gesamte Infrastruktur und die Prozesse. Dabei ist auch auf eine intuitive Bedienung zu achten, damit die Nutzer nicht in ihrer Handlungsfähigkeit eingeschränkt werden. Es gibt bereits zukunftsweisende Angebote, die Unternehmen solche Sicherheitsstandards nach dem Qualitätssicherungsprinzip bieten.

1.3.3 Risiko technisch-physischer Angriff: Eine Burgmauer allein reicht nicht

Auch im digitalen Zeitalter sind noch greifbare Schutzwälle notwendig, um Daten gegen Angriffe zu schützen. Allein bei Firewalls & Co. sukzessive, aber wahllos aufzurüsten, ist nicht besonders zielführend. Erfolgversprechender ist es, immer wieder neue Burgmauern einzuziehen und sie so zu versetzen, dass Angriffe plötzlich aufgehalten werden, wo sie bis dato noch „freie Fahrt" hatten – analog quasi zu den modernsten, hochsicheren Rechenzentren, in denen die Schätze der Digitalisierung lagern. Beispiel Biere: Das neue Rechenzentrum von T-Systems in der Nähe von Magdeburg ist durch einen vier Meter hohen Erdwall von angrenzenden Straßen abgetrennt. Die gesamte Anlage ist von einem zwei Meter hohen Zaun mit Stacheldraht umgeben. Rund 300 Kameras und Bewegungsmelder sorgen dafür, dass kein Angreifer unerkannt auf das Gelände gelangt. Für zusätzliche Sicherheit patrouilliert rund um die Uhr speziell ausgebildetes Sicherheitspersonal auf dem Gelände. Im Inneren des Gebäudes befinden sich darüber hinaus noch Personenschleusen, Chipkartenleser, Handflächen-Scanner sowie Bewegungsmelder, mehrere Hundert Sensoren und eine Sicherheitszentrale hinter verspiegeltem Panzerglas. In das Herz des Rechenzentrums gelangt man nur über eine Hochbrücke. Doch nicht nur physischer Schutz spielt eine zentrale Rolle in Biere. Um externe Angreifer wie Hacker oder Datendiebe abzuwehren, fließen alle Daten durch verschlüsselte IP-VPN-Tunnel, separiert von öffentlichen Netzen und als geschlossenes System gesichert gegen externe Zugriffe. Intrusion-Detection- und -Prevention-Systeme ergänzen die Firewall und analysieren, ob sich Schadcodes in den Datenströmen befinden. TSL-Protokolle, Anti-Malware, gesicherte Punkt-zu-Punkt-Verbindungen sowie Identity- und Access-Management-Lösungen geben nur autorisierten Mitarbeitern Einsicht in Daten, die ausschließlich nach dem „Need to know"-Prinzip genutzt werden dürfen. Für ungebetene Gäste ein einziger Irrgarten intelligenter Hindernisse, die jedes Eindringen erkennen, wirkungslos machen und sofort Gegenmaßnahmen initiieren. Prevention, Detection, Reaction – vergleichbar sieht auch eine zeitgemäße Sicherheitsarchitektur von Unternehmen aus.

Um die Ausfallsicherheit zu erhöhen, ist die Infrastruktur in Biere redundant angelegt: Das Rechenzentrum hat einen baugleichen Zwilling im etwa 18 Kilometer entfernten Magdeburg. Verbunden über eine doppelte Glasfaserleitung und ausgestattet mit „Twin Core"-Technologie, sind sensible Daten mehrfach gespeichert und stehen selbst dann zur Verfügung, wenn eines der Rechenzentren ausfallen sollte. Und die Bemühungen um Hochverfügbarkeit gehen noch weiter: Gleich zweimal an eine 110-Kilovolt-Trasse angeschlossen, garantiert das eigene Umspannwerk eine stabile Stromversorgung. Im Fall der Fälle kommen Notstromaggregate zum Einsatz.

1.3.4   Risiko Cyberangriff: Damit Daten und Devices nicht Opfer werden

Physische Attacken „in Person" eines infizierten USB-Sticks zum Beispiel – Stichwort „Stuxnet" – sind das eine. Doch demgegenüber hat die Anzahl von Cyberattacken in den vergangenen Jahren noch gravierender zugenommen. Schlagen die Angreifer zu, drohen hohe Schäden und oft folgenschwere Ausfälle. So erbeuteten Hacker im Februar 2015 Sozialversicherungsnummern, Anschriften und E-Mail-Adressen von etwa 80 Millionen Kunden von Anthem, einem der größten Krankenversicherer in den USA. Auch Gehaltsinformationen von Kunden und Angestellten wurden dabei gestohlen (vgl. The New York Times 2015). Im Jahr zuvor kaperten Hacker die Daten von 76 Millionen Privat- und 7 Millionen Unternehmenskunden der US-Bank JP Morgan Chase. Dabei kamen die Angreifer offenbar auch an eine Liste der Anwendungen, die auf den Computern von JP Morgan laufen. So konnten sie sich ein Tor für spätere, erneute Zugriffe auf das Banksystem verschaffen, indem sie jede Webanwendung und jedes Programm auf bekannte Schwachstellen untersuchten. Fachleuten zufolge benötigte JP Morgan Monate, um ihr System wieder abzusichern (vgl. The New York Times 2014).

Die Motivation für Angreifer ist vielfältig. Sie reicht von dem simplen Grund, dass „man es kann" über die Durchsetzung politischer Ziele wie beim Anonymous-Fall bis hin zu finanziellen Interessen, die beispielsweise wie beim Krypto-Trojaner Locky durch das Erpressen von Lösegeld verwirklicht werden sollen (vgl. Eikenberg 2016). Dringender Handlungsbedarf ist gefragt, denn die Angriffe von außen werden immer ausgefeilter, und meist sind die Angreifer den Unternehmen deutlich voraus.

Um sich zu schützen, müssen IT-Verantwortliche die Schwachstellen kennen. Und dies ist gar nicht so einfach. Denn die Möglichkeiten und Szenarien für Angriffe sind sehr komplex geworden. Dabei gibt es bereits Technologie-Ansätze, die Unternehmen beim Aufspüren helfen. Beispielsweise den Defense-in-Depth-Ansatz, bei dem die IT-Architektur in verschiedene Schichten aufgeteilt und mit entsprechenden Sicherheitsmaßnahmen versehen wird. Hat der Eindringling die Burgmauer – also den physischen Schutzwall – überwunden, steht er vor der nächsten Barriere: Firewalls, die vor unerwünschten Netzwerkzugriffen schützen. Honeypots lenken sie vom eigentlichen Ziel ab, indem beispielsweise das Verhalten von Anwendern simuliert wird. Für den Schutz der Daten selbst sind mittlerweile vielfältige Verschlüsselungslösungen am Markt, die eine Nutzung der wertvollen Informationen unmöglich machen.

Bei der Betrachtung der aktuell verfügbaren Sicherheitstechnologien wird deutlich, dass ihr Mehrwert häufig davon abhängt, wie einfach sie sich einsetzen lassen. Einfach installierbare Smart-Data-Echtzeitanalysen untersuchen das Verhalten von Daten und erkennen Verhaltens- und Zustandsanomalien – sowohl auf den stationären Servern als auch in mobilen Endgeräten. Noch unkomplizierter für das Unternehmen wird es, wenn nicht nur die Daten selbst, sondern auch ihr Schutz inklusive Firewalls, Intrusion-Protection-Systemen oder Viren- und Schadcode-Schutz in die Cloud verlagert werden.

Ist die Sicherheitstechnologie implementiert sowie ihre Ausfallsicherheit gewährleistet, geht es an eine weitere, oftmals schwerwiegende Schwachstelle: den Nutzer. Menschliche Schwächen sind nicht zu unterschätzen und können viele der ausgefeiltesten Sicherheitsmechanismen unterwandern – sei es mit Absicht oder versehentlich, die Folgen sind dieselben. Das simpelste Beispiel ist der Telefonanruf eines vermeintlichen Technikers – Stichwort Social Engineering –, der vertrauliche Zugangsdaten abfragt. Hier helfen nur Schulungen und Wissensvermittlung weiter. Generell ist der Austausch von Wissen und Informationen eine wichtige Methode, um sich gegen Angreifer zu schützen. Vier Augen sehen mehr als zwei – ebenso verhält es sich mit Unternehmen, die sich gegenseitig warnen, bevor die Bedrohungen übergreifen und sich ausbreiten. Freiwillige Zusammenschlüsse wie der Verein Cyber Security Sharing and Analytics (CSSA) machen es vor. Gleichermaßen wichtig ist es, einen Informationsvorsprung im eigenen Unternehmen aufzubauen: In diesem Bereich gibt es bereits erste Kooperationen der Telekom mit der Hochschule für Telekommunikation Leipzig (HfTL) oder den Telekom Campus der Ben-Gurion-Universität in Israel.

Neben den technischen, personellen und wissensbasierten Voraussetzungen darf schließlich auch der Datenschutz nicht vernachlässigt werden, denn dieser gerät auf dem Weg in die digitale Gesellschaft noch einmal ganz speziell auf den Prüfstand. Dabei ist es von Bedeutung, zwischen einem amerikanischen und einem europäischen Verständnis von Datenschutz und Datensicherheit zu unterscheiden. Beispielhaft für diesen Scheidepunkt des Sicherheitsverständnisses steht die aktuelle Diskussion rund um das neue EU-US-Privacy-Shield-Abkommen.

In Deutschland muss die besonders strenge Bundesdatenschutzgesetzgebung eingehalten werden. Genau diese strikten Regulierungen führen aber auch dazu, dass Datensicherheitsvorgaben „Made in Germany" international gerne nachgefragt werden. So wird das Cloud-Rechenzentrum von T-Systems in Biere mittlerweile von 50 IT-Marktführern genutzt und hat innerhalb kurzer Zeit eine Auslastung von 70 Prozent erreicht. In diesem Sinne ist herausragende Rechenzentrums-Technologie, -Architektur und -Security ein gutes Beispiel dafür, wie Deutschland Wertschöpfung im vorrangig von US-Unternehmen dominierten IT-Markt nach Europa zurückholt. Die traditionell extrem hohe Expertise im Bereich Verschlüsselungstechnologien – Encryption/Decryption – könnte dafür ein aussichtsreiches zweites Feld im Bereich IT-Sicherheit sein.

1.4   Blick in die Zukunft

Die vorliegende Betrachtung der aktuellen IT-Sicherheitsanforderungen zeigt, dass das Themenfeld höchst komplex ist. Doch in welche Richtung wird die Thematik – denn dass sie es tut, ist unbestritten – weiter Fahrt aufnehmen? Und wohin führt der Weg bei der Bekämpfung von Angriffen auf die Sicherheit von Daten, Anwendungen und Prozessen? Fest steht: Im Zuge der weiteren Digitalisierung wird die Autonomie der Systeme weiter zunehmen. Der Anteil an Kommunikation und Kollaboration, der nicht mehr von Menschen erledigt wird, steigt künftig weiter an. Durch Smart Data und Machine Learning (ML) werden Maschinen und Systeme in den kommenden Jahren so smart, dass sie in der Lage sind, sich autonom weiterzuentwickeln. Dadurch wäre es auch denkbar, dass sich die Sicherheits-DNA eines Unternehmens kontinuierlich selbst optimiert und an die neuesten Sicherheitsanforderungen und Bedrohungen anpasst.

Dabei kommt den Nutzern vor allem die Fähigkeit des Machine Learning zugute, Muster zu erkennen und diese Eigenschaft eigenständig und selbstlernend weiterzuentwickeln. Laufen die meisten Security-Lösungen aktuell noch regelbasiert ab und werden von Menschen angepasst und optimiert, können Security Systems dies künftig selbst übernehmen – und zwar deutlich leistungsfähiger, als dies heute möglich ist. Man denke nur an Intrusion-Detection-Systeme, bei denen Eindringlinge außerhalb der Norm identifiziert werden. Machine Learning kann hier sehr schnell Unregelmäßigkeiten erkennen und sichtbar machen.

Oder die Authentifizierung und Zugangskontrolle von Nutzern: ML-Systeme können selbst feinste Nuancen im nutzertypischen Tastenanschlag unterscheiden. Meldet sich ein Anwender über die Eingabe eines Satzes an, weiß das System sofort, ob die Tasteneingabe zu ihm passt oder nicht. Die Mustererkennung mittels Machine Learning geht künftig sogar so weit, dass eine Authentifizierung mittels Gesten möglich wird, unabhängig von eingesetzten Geräten. So könnten Bankkunden künftig Überweisungen per Gestensteuerung vornehmen, indem sie ihren Namen in die Luft schreiben. Den denkbaren Einsatzszenarien sind kaum Grenzen gesetzt. Bereits heute setzen wir smarte, auf ML basierende Automatisierungstools in Rechenzentren für die Cloud ein.

1.5   Fazit

Das Internet hat die Gesellschaft verändert: Kommunikation, Geschäftsmodelle und -prozesse, Big Data. Alles wird einfacher, schneller und kosteneffizienter. Die Cloud macht es möglich. Und Security muss hier Schritt halten. Vor allem in einem Punkt: Sie muss künftig einfach zu beziehen und einfach zu bedienen sein. Und auch für die Security ist die Cloud der Schlüssel zum Erfolg. So muss der Fokus immer mehr auch auf dem Schutz der Daten liegen, nicht nur auf dem Schutz der Infrastruktur. In einer zeitgemäßen Architektur sind klassische Burgmauern zur Abwehr von Angreifern nach wie vor ein wichtiger Bestandteil von Sicherheitskonzepten, aber für eine umfassende Security-Strategie braucht es darüber hinaus weitere Maßnahmen, um auch dann gewappnet zu sein, wenn sich der Eindringling bereits innerhalb der Mauern befindet. Die zukunftsweisenden Entwicklungen im Bereich Machine Learning zeigen dies bereits: Wenn die Schnittstelle zwischen Menschen und Maschinen immer einfacher wird, muss sich auch Security an diese neuen Prozesse und Nutzungsgewohnheiten anpassen. Sonst laufen Unternehmen Gefahr, ihre Geschäfts- und Arbeitsprozesse zu unterbrechen. Und Sicherheit muss einfach sein, nach dem Plug-'n'-Play-Prinzip: Security aus der Steckdose. Mit der Erfindung und der breiten Nutzbarmachung der Cloud wurde diese Einfachheit schon einmal Wirklichkeit. Nehmen wir uns die Cloud zum Vorbild und schaffen wir eine sichere digitale Zukunft!

Literatur

Bitkom Research GmbH im Auftrag von KPMG AG Wirtschaftsprüfungsgesellschaft (2015): Cloud-Monitor 2015. https://www.bitkom.org/Publikationen/2015/Studien/Cloud-Monitor-2015/Cloud-Monitor-2015-KPMG-Bitkom-Research.pdf. Zugegriffen: 30.05.2016.

Eikenberg, Roland (2016): Krypto-Trojaner Locky wütet in Deutschland: Über 5000 Infektionen pro Stunde. In: heise.de. http://www.heise.de/security/meldung/Krypto-Trojaner-Locky-wuetet-in-Deutschland-Ueber-5000-Infektionen-pro-Stunde-3111774.html. Zugegriffen: 01.06.2016.

Hagenau, Tobias (2015): Cloud Computing – der Hype ist vorbei. In: computerwoche.de. http://www.computerwoche.de/a/cloud-computing-der-hype-ist-vorbei,3069749. Zugegriffen: 30.05.2016.

Hill, Jürgen (2015): Mit Industrie 4.0 steigt das Angriffsrisiko. In: computerwoche.de. http://www.computerwoche.de/a/mit-industrie-4-0-steigt-das-angriffsrisiko,3219509. Zugegriffen: 30.05.2016.

Sievers, Uwe (2015): Cyber-Angriffe werden immer professioneller. In: VDI-nachrichten.de. http://www.vdi-nachrichten.com/Technik-Gesellschaft/Cyber-Angriffe-professioneller. Zugegriffen: 01.06.2016.

The New York Times (2015): Anthem Hacking Points to Security Vulnerability of Health Care Industry. http://www.nytimes.com/2015/02/06/business/experts-suspect-lax-security-left-anthem-vulnerable-to-hackers.html?_r=0 Zugegriffen: 13.06.2016.

The New York Times (2014): Neglected Server Provided Entry for JPMorgan Hackers. http://dealbook.nytimes.com/2014/12/22/entry-point-of-jpmorgan-data-breach-is-identified/?_r=0. Zugegriffen: 14.06.2016.

Autor

Dr. Ferri Abolhassan

Der promovierte Informatiker startete seine berufliche Karriere in der Forschung und Entwicklung bei Siemens in München, gefolgt von einer mehrjährigen Station bei IBM in San José, USA. 1992 wechselte Abolhassan zum Softwarehersteller SAP. Dort war er bis 2001 in unterschiedlichen Führungsfunktionen tätig, zuletzt als Senior Vice President der globalen Geschäftseinheit Retail Solutions. Nach vier Jahren in der Unternehmensführung von IDS Scheer als Co-CEO und Co-Chairman kehrte Abolhassan 2005 zu SAP zurück. Dort hatte er zuletzt die Position des Executive Vice President Large Enterprise EMEA inne. 2008 übernahm Abolhassan die neu geschaffene Position des Leiters des Bereichs Systems Integration bei T-Systems und wurde gleichzeitig Mitglied der Geschäftsführung. Anschließend führte Abolhassan zusätzlich den Unternehmensbereich Production. Seit 2013 leitet er den gesamten Bereich Delivery und seit Januar 2015 die IT Division von T-Systems in seiner Funktion als Geschäftsführer. Er ist damit verantwortlich für rund 30.000 Mitarbeiter und 6.000 Kunden.

2011 rief er das inzwischen TÜV-zertifizierte Programm „Zero Outage" ins Leben, um den hohen Qualitätsanspruch von T-Systems trotz zunehmender Prozesskomplexität abzusichern. Mit Erfolg: Die Kundenzufriedenheit hat den höchsten Wert in der Firmengeschichte erreicht und einen neuen Benchmark in der Branche gesetzt. Jetzt will T-Systems zusammen mit Partnern das Null-Fehler-Prinzip zum Industriestandard für Qualität ausbauen. Abolhassan initiierte außerdem den Neubau eines Cloud-Rechenzentrums in Biere im Jahr 2012 – drei Jahre später wurde die Erweiterung beschlossen.

Um den wachsenden Security-Herausforderungen zu begegnen, gründete die Deutsche Telekom Ende 2015 eine neue Organisationseinheit für Sicherheitslösungen, die Abolhassan zusätzlich zu seinen Aufgaben aufbaut. Die neue Einheit bündelt alle Sicherheitsbereiche im Konzern und vermarktet die Cyber-Security-Lösungen der Telekom. Ziel ist zum einen, die eigenen Sicherheitsbereiche noch besser zu verzahnen, um Tausende von Cyberkriminellen täglich abzuwehren. Und zum anderen, aus dieser internen Erfahrung heraus Kunden über ihre Wertschöpfungskette hinweg die besten Produkte und Lösungen anzubieten.

Sicherheitspolitik: Regeln für den Cyberraum

2

Wolfgang Ischinger

Ein Computerwurm befällt das System der iranischen Atomanlagen, eine Cyberattacke legt Teile des ukrainischen Stromnetzes lahm, Angreifer penetrieren das IT-System des Deutschen Bundestags und entwenden sensible Daten – der Cyberspace als Raum sicherheitspolitischer Auseinandersetzung, ja als Raum von Konfliktaustragung, ist schon lange nicht mehr nur Inhalt von Science-Fiction-Romanen, sondern längst in unserer Realität angekommen.

„I have given Cyber Command really its first wartime assignment", erklärte US-Verteidigungsminister Ashton Carter in Washington Anfang April 2016 (Financial Times 2016), von vielen interpretiert als die erste staatliche Cyberkriegserklärung, gerichtet gegen den „Islamischen Staat" (IS). Sicherheitspolitische Herausforderungen oder Strategien können heute also nicht mehr ohne die Berücksichtigung des digitalen Raums beantwortet beziehungsweise konzipiert werden.

Eigentlich befinden wir uns heute in einer ähnlichen Situation wie vor rund 70 Jahren, als die Erfindung der Atombombe die strategische Lage grundlegend veränderte. Die technischen Möglichkeiten durch die Informationsrevolution sind zwar weniger greifbar und ihre Auswirkungen deutlich komplexer und vielschichtiger, verändern aber ähnlich wie die nukleare Revolution das „Spielfeld" der internationalen Sicherheitspolitik auf fundamentale Art und Weise. Schon jetzt stellen uns Hackerangriffe auf kritische Infrastrukturen, die Online-Rekrutierung von dschihadistischen Kämpfern oder die Entwicklung autonomer Waffensysteme vor massive Herausforderungen und komplexe ethische, rechtliche und politische Fragen. Und der technologische Wandel wird weiter voranschreiten, neue Möglichkeiten mit sich bringen, damit jede Menge Chancen eröffnen, aber gleichzeitig auch das Gefahrenpotenzial des Cyberraums weiter vergrößern. Wir müssen also permanent die Chancen, aber auch die Risiken des digitalen Fortschritts für die Sicherheitspolitik bewerten und über die notwendigen Schritte nachdenken, um richtig mit ihnen umzugehen.

2.1   Bestandsaufnahme: Digitale Kriegsführung im 21. Jahrhundert

Die Möglichkeiten der Kriegsführung im Cyberraum haben den Charakter des modernen Konflikts grundlegend verändert. Dabei setzt sich vor allem ein Trend fort, den wir über die letzten Jahrzehnte zunehmend beobachten konnten: Auseinandersetzungen finden häufig asymmetrisch, also nicht mehr nur zwischen staatlichen Akteuren statt. Im Vergleich zum Bau von Nuklearwaffen sind die Einstiegshürden für einen „Cyberkrieger" freilich sehr viel geringer. Zwar sind große Cyberoperationen wie die Beschädigung iranischer Zentrifugen durch das Virus „Stuxnet" nur durch den Einsatz massiver Ressourcen möglich, die im Allgemeinen nur staatlichen Akteuren zur Verfügung stehen. Aber es genügen schon wesentlich geringere Mittel, gepaart mit den entsprechenden Kenntnissen, um erheblichen Schaden zu erzeugen.

Auch Terrorgruppen haben den digitalen Raum für sich entdeckt. Der IS nutzt die Möglichkeiten des Cyberraums umfangreich und effektiv: Ein nicht unbeträchtlicher Teil seiner Ausbreitung beruht auf seiner digitalen Strategie (vgl. Munich Security Report 2016). Ob für die Rekrutierung neuer Mitglieder, die Verbreitung von Propagandabotschaften oder die interne Kommunikation – der „Islamische Staat" breitet sich nicht nur physisch, sondern auch digital immer weiter aus. Schon 2014 warnte Robert Hannigan, Chef des britischen Geheimdienstes GCHQ, davor, dass sich soziale Netzwerke längst zu den „command-and-control networks of choice" (vgl. Financial Times 2014) von Gruppierungen wie dem IS entwickelt hätten. Bei der diesjährigen Münchner Sicherheitskonferenz bekräftigte er diese Feststellung und forderte aktivere, bessere Maßnahmen im Online-Kampf gegen dschihadistischen Terror (vgl. Munich Security Conference 2016).

Dieser Kampf wird auch von privaten Hackergruppen wie „Anonymous" geführt – eine prägnante Illustration des Cyberkonfliktfeldes von heute: „Make no mistake: #Anonymous is at war with #Daesh. We won't stop opposing #IslamicState. We're also better hackers." Dies postete „Anonymous" nach den Pariser Anschlägen im November 2015 auf seinem Twitter-Account. Eine private Hackergruppe also, die in einem Raum operiert, der vor 25 Jahren kaum existierte, erklärt der weltweit gefährlichsten und stärksten Terrorgruppe, die es vor wenigen Jahren noch gar nicht gab, den digitalen Krieg. Was vor nicht allzu langer Zeit nach einer absurden Beschreibung eines Konflikts geklungen hätte, ist heute Realität. Und solche asymmetrischen, vielschichtigen Konfliktformen werden in Zukunft weiter zunehmen.

Auch staatliche Einheiten werden immer aktiver – teils, um selbst offensiver agieren zu können, teils, um für die zahlreichen Bedrohungen aus dem Cyberraum gewappnet zu sein – und diese Aktivitäten reichen weit über Online-Dschihadismus hinaus. Die Verbreitung gefälschter Informationen zur gezielten Manipulation bestimmter Bevölkerungsgruppen ist mittlerweile gang und gäbe und wird massiv befeuert durch die Möglichkeiten der Online-Welt. Dies hat zuletzt die gesteuerte Verbreitung von Fehlinformationen im „Fall Lisa" Anfang 2016 gezeigt (vgl. Federal Academy for Security Policy 2016). Manche Staaten verfügen über ganze „Troll-Armeen", die den jeweiligen Regierungen genehme Nachrichten und

Kommentare in den sozialen Netzwerken verbreiten oder Zeitungsartikel kommentieren. Darunter leidet die öffentliche Meinungsbildung in unseren Demokratien – insbesondere, wenn sich auf diese Weise Gegenöffentlichkeiten bilden, die in einer eigenen Wahrheit leben und vom politischen Diskurs beziehungsweise von den Fakten kaum noch erreicht werden.

Eine weitere Gefahr besteht auch darin, dass die Institutionen der liberalen Demokratie selbst attackiert und beschädigt werden. Der groß angelegte Angriff auf den Deutschen Bundestag im Sommer 2015 hat uns dies hier in Deutschland vor Augen geführt (vgl. FAZ 2016b). Auch Angriffe auf kritische Infrastrukturen bergen enormes Schadenspotenzial. Im Zuge der Attacke auf das ukrainische Stromnetz im Dezember 2015 waren mehr als 700.000 Haushalte zeitweise ohne Strom (vgl. FAZ 2016a). Nicht auszudenken, was passieren würde, wenn solche Attacken noch großflächiger ausfielen und über Stunden die mobile Kommunikation, den Verkehr und die Wasserversorgung in dicht besiedelten Regionen zum Erliegen brächten. Der niederländische Außenminister Bert Koenders bezeichnete am Rande der Münchner Sicherheitskonferenz 2016 Cyberwaffen daher auch im Gegensatz zu nuklearen, chemischen oder biologischen Massenvernichtungswaffen als „weapons of mass disruption" (vgl. Rijksoverheid 2016). Hinzu kommen Milliardenverluste für Unternehmen durch digitale Wirtschaftsspionage, Sabotage und Datendiebstahl – allein in Deutschland jährlich um die 51 Milliarden Euro (vgl. Bitkom 2015) – und andere materielle Schäden, die als „Nebeneffekt" des digitalen Fortschritts entstehen.

Solche Bedrohungen sind übrigens alles andere als nur ein westliches Phänomen. Gerade die wachsenden Volkswirtschaften im Globalen Süden sind den Gefahren aus dem Cyberspace in verstärktem Maße ausgesetzt. Hier findet häufig ein besonders schneller Digitalisierungsprozess statt, der zum Teil ohne jegliche Absicherung verläuft. Für Kenia bezifferte ein kürzlich erschienener Report die Schäden durch Cyberkriminalität für die dortige Wirtschaft auf 146 Millionen Dollar (vgl. Serianu 2015). Und Südafrika verzeichnete allein im Oktober 2015 rund 6.000 Anschläge auf Infrastruktur, Internetanbieter und Unternehmen des Landes (vgl. Times Live 2015).

2.2   Herausforderungen für die Politik: Regeln, Ressourcen & Expertise

Die Politik ist daher mehr denn je gefragt, sich schneller und effektiver auf die Bedrohungen aus dem Cyberraum einzustellen. Eines der wohl grundlegendsten Probleme dabei: Ihr fehlt an vielen Stellen die nötige Expertise. Entscheidungen fällen muss sie trotzdem. Und auch in der Gesellschaft mangelt es angesichts der Komplexität und des stetigen Wandels im Cyberraum häufig an ausreichendem Verständnis und Grundwissen. Deshalb brauchen wir digitale „Dolmetscher", die komplexe Vorgänge allgemein verständlich erklären. Denn in den allermeisten Fällen haben die heute aktiven Entscheidungsträger keine Affinität zu digitalen Themen, geschweige denn Fachwissen. Es fehlt oft an einer gemeinsamen Sprache von Experten und Politik. Diese gemeinsame Ebene ist aber eine Grundvoraussetzung dafür, dass notwendige Entscheidungen auf den Weg gebracht werden.

In Deutschland gibt es inzwischen zumindest ein Bewusstsein für die immense Größe der Herausforderung Cybersicherheit. Und erste wichtige Schritte sind gegangen. Die Ankündigungen des Verteidigungsministeriums aus dem Frühjahr 2016 etwa, wonach die Bundeswehr restrukturiert und um eine Cyber-Teilstreitkraft ergänzt wird und auch im Ministerium die Zahl der Cyberexperten massiv anwachsen soll, sind zu begrüßen (vgl. Wiegold 2016).

Aber wir müssen uns fragen, ob unsere Anstrengungen ausreichen. Hat unsere Gesellschaft schon verstanden, wie sehr unsere Sicherheit und unser Wohlstand in Zukunft davon abhängen werden, wie gut wir digital aufgestellt sind? US-Präsident Obama möchte im Haushalt 2017 Posten von 19 Milliarden US-Dollar für Cybersicherheit vorsehen (vgl. Reuters 2016). Die britische Regierung hat angekündigt, die Ausgaben für Cybersicherheit über die kommenden fünf Jahre nahezu zu verdoppeln (vgl. Gov.uk 2015). Das sind die Größenordnungen, in denen wir denken müssen.

Wir benötigen mehr Expertise, aber auch viel mehr Fähigkeiten im Sinne von Ressourcen und Strukturen – weit über die Reform des Verteidigungsministeriums hinaus. Auch Universitäten und Fachhochschulen müssen eingebunden werden, um früh mit der Aus- und Weiterbildung der Fachkräfte zu beginnen. Die besten Pläne für neue Cybersicherheitsstrukturen werden nicht umzusetzen sein, wenn es nicht gelingt, Computer- und Softwarespezialisten, Entwickler und Programmierer zu gewinnen. Eine der Schlüsselfragen wird daher sein, wie junge Leute, die nicht unbedingt für Sicherheits- und Verteidigungspolitik brennen, für die Bundeswehr begeistert werden können – und wie Quereinstieg mit dem Laufbahnrecht vereinbart werden kann.

Viele entscheidende Fragen kann die Politik schon längst nicht mehr alleine lösen: Welche technischen Mittel stehen zur Verfügung, um auf dem digitalen Schlachtfeld gegenüber terroristischen Gruppierungen die Oberhand zu gewinnen? Wie schützen wir uns gegen die Attacken ausländischer Geheimdienste, die versuchen, Staatsgeheimnisse zu entwenden oder unsere Abgeordneten und ihre unabhängige Meinungsbildung zu sabotieren? Um sich diesen Fragen gemeinsam zu stellen und zusammen die Voraussetzungen für ein freies, sicheres und offenes Internet zu schaffen, braucht die Politik die Unterstützung und das Vertrauen der Privatwirtschaft und anderer nicht-staatlicher Fachleute. Auch die Meldepflicht von Cyberattacken für ausgewählte Unternehmen, die in Deutschland mit dem IT-Sicherheitsgesetz vergangenen Sommer beschlossen wurde und mit der Network and Information Security (NIS) Directive nun auch EU-weit implementiert werden soll, ist ein wichtiger Schritt in Richtung einer stärkeren Zusammenarbeit.

Auch andere Fragen bleiben bisher weitgehend unbeantwortet: Ab welcher Schwelle sind Cyberangriffe als kriegerischer Akt zu werten? Was wären angemessene Antworten darauf, und nach welchen Regeln sollten sie erfolgen? Was ist, wenn es zwar gute Hinweise darauf gibt, wer einen massiven Cyberangriff zu verantworten hat, aber keine endgültigen Beweise? Was bedeuten diese Erwägungen für Artikel 5 des NATO-Vertrags? Die NATO hat erklärt, dass sie den Cyberraum künftig als eigenständiges Operationsgebiet anerkennen werde (vgl. NATO 2016). Dies könne auch bedeuten, dass Cyberangriffe die Beistandsklausel auslösen könnten (vgl. NATO 2015).

Aufgrund der Tatsache, dass nationale Grenzen im Cyberraum besonders stark verschwimmen, spielen transnationale Kooperationsformate wie die NATO hier eine besonders wichtige Rolle. Zwar bleibt es zunächst Aufgabe des Nationalstaats, die eigene Sicherheit zu gewährleisten; aber manche Kompetenzen könnten möglicherweise auf europäischer oder NATO-Ebene viel besser aufgehoben sein.

In den letzten Jahren hat die Praxis einiger Geheimdienste jedoch dazu geführt, dass viele Deutsche einer Kooperation mit internationalen Partnern skeptisch gegenüberstehen. Besonders die Einstellung gegenüber dem amerikanischen Partner hat sich im Zuge des NSA-Skandals massiv verschlechtert. Laut einer Umfrage des German Marshall Fund nahm die Anzahl aller Befragten in Deutschland, die den USA positiv gegenüberstehen, von 2011 bis 2014 um ganze 14 Prozentpunkte ab, von 72 auf 58 Prozent (vgl. The German Marshall Fund of the United States 2015). Glücklicherweise haben sich beide Seiten inzwischen langsam wieder angenähert. Im Mai 2015 lag das Vertrauen in die bilaterale Allianz unter Deutschen immerhin wieder bei 62 Prozent (vgl. PewResearchCenter 2015). Doch Skepsis bleibt, genauso wie grundlegende Unterschiede in der Cyberpolitik beider Länder. Auch das erinnert an das beginnende Nuklearzeitalter, als sich Alliierte der USA erst organisieren mussten, um ihren Bedenken in Washington Gehör zu verschaffen (vgl. Ischinger et al. 2014). Deshalb muss eine der zentralen Aufgaben lauten, dass Deutschland und die USA, gemeinsam mit anderen Ländern, einen gemeinsamen Konsens über Grundpfeiler der internationalen Cyberpolitik aufbauen. Nur auf der Basis einer klaren EU-Position kann es gelingen, sich Schritt für Schritt auch transkontinental auf „verlässliche Spielregeln" (vgl. FAZ 2014) für den Cyberraum zu einigen, wie der Vorstandsvorsitzende der Telekom, Timotheus Höttges, sie bereits 2014 vor dem gemeinsam mit der Münchner Sicherheitskonferenz ausgetragenen Cyber Security Summit in Bonn forderte. Seit mehreren Jahren veranstaltet die Münchner Sicherheitskonferenz gemeinsam mit der Deutschen Telekom Roundtables und Gipfelveranstaltungen zum Themenkomplex Cybersicherheit und bringt dabei Entscheidungsträger und Experten aus aller Welt zusammen – so auch im Herbst 2016 im Silicon Valley.

Je mehr sich die Möglichkeiten im Cyberraum weiterentwickeln, desto wichtiger ist es, diese mit einem Regelwerk zu unterfüttern. Hier geht es um eine grundlegende Fortentwicklung des Völkerrechts, das den Cyberkrieg so noch nicht kennt und erfasst. Anders als beispielsweise im Bereich der nuklearen Sicherheit gibt es für den Cyberraum bisher kein international anerkanntes, multilaterales Regelwerk, das speziell die Cyberkriegsführung regelt. Immerhin konnten sich im Bereich der Wirtschaftsspionage bereits einige Länder auf erste Abkommen einigen, darunter die beiden Cybergiganten China und USA im Herbst 2015. Versuche, sich über weitreichendere Normen für den Cyberraum zu verständigen, werden ebenfalls seit einiger Zeit unternommen. Dazu zählt vor allem die (Weiter-)Entwicklung des Tallinn Manual, angestoßen im Jahr 2009 und ausgearbeitet von Rechtsexperten aus verschiedenen NATO-Staaten. Ein erster Entwurf wurde 2013 vorgestellt (vgl. CCDCOE 2013). Doch dieser ist rechtlich unverbindlich, und so mangelt es bisher an der Um- und Durchsetzung der Empfehlungen auf internationaler Ebene.

Gerade liberale Demokratien, wie die Staaten der Europäischen Union, sollten sich für ein freies, offenes und sicheres Internet als globales, öffentliches Gut starkmachen. Die

Europäische Union kann hier noch eine viel stärkere Vorreiterrolle einnehmen und die Erarbeitung internationaler Normen vorantreiben. Dabei wird sie immer wieder auf Hindernisse stoßen. Während bereits in den transatlantischen Beziehungen grundlegende Divergenzen in der Cyberpolitik bestehen, treffen autoritäre Staaten eine ganz andere Abwägung zwischen Sicherheit und Freiheit im Internet. Daher ist auch das Misstrauen der Deutschen beim Thema Datensicherheit gegen die USA weitgehend fehlgeleitet: Viel größere Gefahren kommen aus anderen Himmelsrichtungen. Der Angriff gegen den Deutschen Bundestag wurde laut Informationen des BND beispielsweise aus Russland gesteuert (vgl. Zeit 2016). Und CIA-Direktor James R. Clapper betonte jüngst vor dem amerikanischen Senat: „Russia and China continue to have the most sophisticated cyber programs" (The Diplomat 2016). Viele weitere Staaten arbeiten ebenso an offensiven Cyberfähigkeiten. Wir sind, man muss es so sagen, inmitten eines digitalen Wettrüstens. Gerade deshalb ist es umso wichtiger, so schnell wie möglich an gemeinsamen Mindeststandards und grundsätzlichen Normen zu arbeiten.

2.3   Ausblick: Eine Strategie für das digitale Zeitalter

Wir befinden uns, schrieb ich zu Beginn, in gewisser Weise in einer ähnlichen Situation wie vor rund 70 Jahren, als die Erfindung der Atombombe die strategische Lage grundlegend veränderte. Die Parallelen sollten zwar angesichts des Unterschiedes zwischen einem Nuklearsprengkopf und einem Code nicht überbetont werden. Aber wir stehen, ähnlich wie nach 1945, am Beginn einer Ära, deren Entwicklung offen ist. Die Auswirkungen der neuen Cyberinstrumente auf internationale Sicherheitspolitik und die Austragung von Kriegen und Konflikten sind noch nicht wirklich abzusehen. Cyberregelwerke existieren (noch) nicht.

Aber wir erleben das Gefahrenpotenzial des Cyberraums tagtäglich. Die Chance, die daraus erwächst, nämlich sich besser auf diese Gefahren einstellen zu können und ihnen effektiv zu begegnen, gilt es wahrzunehmen. Deshalb brauchen wir neue Herangehensweisen. Dies gilt zunächst für die nationale Ebene; hier ist die jüngste Umstrukturierung von Bundeswehr und Verteidigungsministerium ein wichtiger Schritt, dem weitere folgen müssen. Zusätzliche Impulse sind von der neuen Cybersicherheitsstrategie des Bundes zu erwarten, die das Vorgängerdokument von 2011 ersetzen soll (vgl. Die Bundesregierung 2016). Auf regionaler Ebene gilt es vor allem, sich innerhalb der EU besser zu koordinieren und gemeinsam Initiativen für eine umfangreiche Normensetzung im Cyberbereich voranzutreiben. Schließlich liegt die wohl größte Herausforderung darin, maßgebliche Normen international zu entwickeln und zu implementieren und sich auf die Grundpfeiler einer internationalen Cybersicherheitspolitik zu einigen.

Der Prozess wird langwierig, aber er hat durchaus Aussicht auf Erfolg: Der Versuch in den Sechzigerjahren, Regeln für das nukleare Zeitalter zu entwickeln, verlief ähnlich kompliziert; doch es gelang schließlich, erfolgreiche Schritte der Rüstungskontrolle und Abrüstung zu unternehmen, auch wenn die Gefahr nur eingehegt, nicht aber grundsätzlich gebannt werden konnte. Heute muss es uns gelingen, einen ähnlichen internationalen Prozess zur Entwicklung einer gemeinsamen Strategie für das wesentlich komplexere digitale Zeitalter zu durchlaufen. Nur dann können wir gemeinsam dafür sorgen, das Gefahrenpotenzial des Cyberraums so gering wie möglich zu halten und die zahlreichen Chancen zu verwirklichen, die ein freies, offenes und sicheres Internet uns bietet. Noch ist es dafür nicht zu spät.

Literatur

Bitkom (2015): Studie zu Wirtschaftsschutz und Cybercrime. https://www.bitkom.org/Presse/Presse-information/Studie-zu-Wirtschaftsschutz-und-Cybercrime.html. Zugegriffen: 16.06.2016.

CCDCOE (2013): Tallinn Manual Process. https://ccdcoe.org/tallinn-manual.html. Zugegriffen: 16.06.2016.

Die Bundesregierung (2016): Kabinettsklausur in Meseberg – Digitalisierung gemeinsam vorantreiben. https://www.bundesregierung.de/Content/DE/Artikel/2016/05/2016-05-24-digitalisierung-meseberg.html. Zugegriffen: 16.06.2016.

FAZ (2014): Cyber Security Summit – Jeder ist bedroht. http://www.faz.net/aktuell/wirtschaft/netzwirtschaft/telekom-chef-thimotheus-hoettges-jeder-ist-bedroht-jeder-staat-jedes-unternehmen-jeder-buerger-13243841.html. Zugegriffen: 16.06.2016.

FAZ (2016a): Cyber-Sicherheit: Die Hackerdämmerung. http://www.faz.net/aktuell/wissen/physik-mehr/ukrainischer-stromausfall-war-ein-hacker-angriff-14005472-p2.html?printPagedArticle=true#pageIndex_2. Zugegriffen: 16.06.2016.

FAZ (2016b): Netzangriff auf Bundestag – Es begann mit einer E-Mail. http://www.faz.net/aktuell/feuilleton/medien/neue-details-zum-cyberangriff-auf-den-bundestag-14114851.html. Zugegriffen: 16.06.2016.

Federal Academy for Security Policy (2016): The Lisa Case – STRATCOM Lessons for European States, in: Security Policy Working Paper, No.11/2016. https://www.baks.bund.de/sites/baks010/files/working_paper_2016_11.pdf. Zugegriffen: 16.06.2016.

Financial Times (2016): US launches online assault against Isis. http://www.ft.com/cms/s/0/4d98edd0-fba5-11e5-b3f6-11d5706b613b.html#axzz4BkAXAl00. Zugegriffen: 16.06.2016.

Financial Times (2014): The web is a terrorist's command-and-control network of choice. http://www.ft.com/intl/cms/s/2/c89b6c58-6342-11e4-8a63-00144feabdc0.html#axzz3rjx7E4aL. Zugegriffen: 16.06.2016.

Gov.uk (2015): Chancellor's speech to GCHQ on cyber security. https://www.gov.uk/government/speeches/chancellors-speech-to-gchq-on-cyber-security. Zugegriffen: 16.06.2016.

Ischinger, Wolfgang; Bunde, Tobias (2014): Die Zukunft des Westens im digitalen Zeitalter, in: FAZ vom 30.01.2014.

Munich Security Conference (2016): Panel Discussion „‚Daeshing' Terror and Safeguarding Liberties". https://www.securityconference.de/mediathek/video/panel-discussion-daeshing-terror-and-safeguarding-liberties/filter/video/?tx_dreipctvmediacenter_mediacenter[venue]=36&cHash=3c81bfeba609faf81063d1ece9232f09. Zugegriffen: 16.06.2016.

Munich Security Report (2016): Munich Security Report 2016. https://www.securityconference.de/aktivitaeten/munich-security-report/. Zugegriffen: 16.06.2016.

NATO (2015): Keynote speech by NATO Secretary General Jens Stoltenberg at the opening of the NATO Transformation Seminar. http://www.nato.int/cps/fr/natohq/opinions_118435.htm?selectedLocale=fr. Zugegriffen: 16.06.2016.

NATO (2016): NATO Defence Ministers agree to enhance collective defence and deterrence. http://www.nato.int/cps/en/natohq/news_132356.htm?. Zugegriffen: 17.06.2016.

PewResearchCenter (2015): Germany and the United States: Reliable Allies. http://www.pewglobal. org/2015/05/07/germany-and-the-united-states-reliable-allies/. Zugegriffen: 16.06.2016.

Reuters (2016): Concerned by cyber threat, Obama seeks big increase in funding. http://www.reuters. com/article/us-obama-budget-cyber-idUSKCN0VI0R1. Zugegriffen: 16.06.2016

Rjiksoverheid (2016): Toespraak van minister Koenders bij de Münchner Sicherheitskonferenz. https://www.rijksoverheid.nl/regering/inhoud/bewindspersonen/bert-koenders/documenten/toe-spraken/2016/02/12/toespraak-van-minister-koenders-munchner-sicherheitskonferenz. Zugegriffen: 16.06.2016.

Serianu (2015): Kenya Cyber Security Report 2015. http://serianu.com/downloads/KenyaCyberSe-curityReport2015.pdf. Zugegriffen: 16.06.2016.

The Diplomat (2016): Top US Spy Chief: China Still Successful in Cyber Espionage Against US. http://thediplomat.com/2016/02/top-us-spy-chief-china-still-successful-in-cyber-espionage-against-us/. Zugegriffen: 16.06.2016.

The German Marshall Fund of the United States (2015): Report of the task force on the future of German-American relations. http://www.gmfus.org/publications/longstanding-partners-chang-ing-times. Zugegriffen: 16.06.2016.

Times Live (2015): It's one hack of a problem. http://m.timeslive.co.za/thetimes/?articleId=15801457. Zugegriffen: 16.06.2016.

Wiegold, Thomas (2016): Cyberkrieger, Computernerds und IT-Einkäufer: Bundeswehr stellt sich neu auf. http://augengeradeaus.net/2016/04/cyberkrieger-computernerds-und-it-einkaeufer-bun-deswehr-stellt-sich-neu-auf/. Zugegriffen: 16.06.2016.

Zeit (2016): Deutscher Bundestag – Hackerangriff wurde aus Russland gesteuert. http://www.zeit. de/digital/2016-01/hackerangriff-bundestag-russland-nachrichtendienst-bundesanwaltschaft. Zu-gegriffen: 16.06.2016.

Autor

Wolfgang Ischinger

Botschafter Ischinger ist Vorsitzender der Münchner Sicherheitskonferenz und Senior Professor for Security Policy and Diplomatic Practice an der Hertie School of Governance in Berlin.

Nach dem Studium der Rechtswissenschaften und der internationalen Beziehungen war er zunächst im Kabinett des UN-Generalsekretärs tätig, bevor er 1975 in den Auswärtigen Dienst eintrat.

Er war unter anderem an den Botschaften in Washington, D.C. und Paris tätig und fungierte von 1982 bis 1990 als enger Mitarbeiter des damaligen Bundesaußenministers Genscher. 1993 bis 1998 war er Leiter des Planungsstabs und dann Politischer Direktor, von 1998 bis 2001 Staatssekretär des Auswärtigen Amts. Von 2001 bis 2006 war er Botschafter in den USA, von 2006 bis 2008 im Vereinigten Königreich. 2008 übernahm er den Vorsitz der Münchner Sicherheitskonferenz. Von 2008 bis 2015 war er daneben Generalbevollmächtigter der Allianz SE, München.

Botschafter Ischinger vertrat 2007 die EU in den Troika-Verhandlungen über Kosovo und 2014 die OSZE bei den Bemühungen um nationalen Dialog in der Ukraine. 2015 übernahm er den Vorsitz des von der OSZE eingesetzten „Panel of Eminent Persons" zur Stärkung der europäischen Sicherheitsarchitektur.

Heute berät er Unternehmen, Regierungen und internationale Organisationen.

Ischinger ist unter anderem Mitglied des Aufsichtsrats der Allianz Deutschland AG, der Allianz Private Krankenversicherung (APKV) sowie des European Advisory Council von Investcorp, London/New York. Außerdem ist er Mitglied im Präsidium der DGAP und im Vorstand der Atlantik-Brücke sowie Mitglied der Kuratorien von SWP/Berlin, SIPRI/Stockholm, AICGS/Washington, der Bundesakademie für Sicherheitspolitik (BAKS), des Center for European Reform/London, der American Academy Berlin und des Atlantic Council of the US. 2008 erhielt Ischinger die Leo-Baeck-Medaille, 2009 wurde er mit dem Bundesverdienstkreuz ausgezeichnet.

Datenschutz-Empowerment

Peter Schaar

Datenschutz ist eine ziemlich schwergängige Vokabel. Der Begriff impliziert, dass Daten einer schützenden Hand bedürften. Deshalb ist es auch nicht verwunderlich, dass er vielfach mit anderen, ähnliche Gegenstände umschreibenden Begriffen verwechselt oder synonym mit ihnen verwendet wird, etwa mit der IT-Sicherheit. Dass dieses Missverständnis offenbar kaum auszuräumen ist, liegt auch an der missglückten Wortwahl selbst. Denn beim Datenschutz geht es nicht um den Schutz von Daten schlechthin, sondern um den Schutz personenbezogener Daten, und zwar vor dem Hintergrund des Rechts auf informationelle Selbstbestimmung und der Gewährleistung der Privatsphäre.

Datenschutzgesetze erlegen denjenigen Regeln auf, die mit personenbezogenen Daten umgehen. Primärer Adressat dieser Schutzpflichten ist der Staat, obgleich staatliche Stellen selbst in großem Umfang persönliche Daten sammeln, vielfach auf Basis hoheitlicher Befugnisse. Gerade wegen der besonderen Machtbefugnisse enthalten die Datenschutzgesetze für staatliche Stellen besonders detaillierte Regeln, welche die Erhebung, Verarbeitung und Nutzung personenbezogener Informationen erlauben und zugleich begrenzen. Datenschutz ist ein Abwehrgrundrecht, das dem staatlichen Wissensdurst Grenzen setzt, wie das Bundesverfassungsgericht immer wieder festgestellt hat. Dagegen sind die Datenschutzvorgaben für die Wirtschaft im Allgemeinen recht flexibel. Die Erhebung, Verarbeitung und Nutzung von Daten sind erlaubt, soweit dies für die Aufgabenerfüllung – etwa den Abschluss und die Abwicklung eines Vertrags – oder für sonstige berechtigte Interessen erforderlich ist. Schließlich ist die Verarbeitung personenbezogener Daten erlaubt, soweit der Betroffene darin eingewilligt hat. Gerade mit dem Aufkommen vermeintlich kostenloser, tatsächlich aber durch die Verwendung persönlicher Daten finanzierter Dienste wird den Betroffenen zunehmend pauschal abverlangt, in eine umfassende, kaum von ihnen zu durchschauende Verarbeitung ihrer Daten einzuwilligen. Die gesetzliche Festlegung der Befugnisse zur Erhebung und Verwendung personenbezogener Daten steckt zwar den Rahmen ab, den die Stellen zu beachten haben, die Daten erheben oder verarbeiten. Doch auch wenn dies mit dem Ziel geschieht, für den Einzelnen einen Raum zu sichern, in dem er prinzipiell über „seine" Daten verfügen kann, ist damit allein das Selbstbestimmungsrecht in einer technisierten Welt nicht wirklich zu gewährleisten.

Wenn im Folgenden von Empowerment die Rede sein soll, dann nicht im Sinne von Verbot und Erlaubnis und auch nicht im Sinne der Einwilligung, sondern mit dem Ziel, den „Betroffenen" durch entsprechende Gestaltung der Technik die Kontrolle über ihre Daten zurückzugeben.

3.1   Code is law

Digitale Systeme, deren Funktionsweise durch Hard- und Software determiniert ist, bestimmen mindestens in demselben Ausmaß wie rechtliche Vorgaben darüber, welche Einflussmöglichkeiten der Einzelne hat, wenn er sie selbst nutzt oder Objekt der Verarbeitung seiner Daten durch Dritte ist. „Code is law" – diese aus dem letzten Jahr des 20. Jahrhunderts stammende provokatorische – aber gleichwohl zutreffende – Feststellung von Lawrence Lessig (vgl. Lessig 1999) gilt heute mehr denn je. Die Ausgestaltung und Konfiguration von Hard- und Software entscheiden darüber, welche Daten erhoben und wie sie verarbeitet werden. Auf diese Weise beeinflussen die beim Systemdesign getroffenen technischen Festlegungen maßgeblich, welche Daten erhoben und gespeichert werden, wer auf sie zugreifen kann und wie die Interaktion zwischen Mensch und Maschine sowie zwischen den Menschen untereinander abläuft. Dabei geht es nicht nur und nicht einmal in erster Linie um das einzelne (personenbezogene) Datum, sondern um Strukturentscheidungen, die weit über den konkreten Verarbeitungsprozess hinaus Bedeutung haben. Diejenigen, die über die Technik bestimmen, sichern sich dabei zugleich Entscheidungshoheit über den Umgang mit Informationen. Und sie nutzen diese „Datenmacht", um sich wirtschaftliche oder politische Vorteile zu verschaffen. Der Einzelne, der die Technik nutzt und dessen Daten verarbeitet werden, wird auf diese Weise immer stärker zum Objekt.

Die in Hard- und Software implementierten Mechanismen rücken immer näher an den Menschen heran und bestimmen in immer größerem Umfang seinen Alltag. Smartphones, intelligente Küchengeräte und digital gesteuerte Heizungsanlagen werden zur Selbstverständlichkeit, der sich nur hartgesottene Nostalgiker zu entziehen versuchen. Über Funk ansteuerbare Herzschrittmacher und andere Implantate messen nicht nur Vitalwerte, sondern können unsere Gesundheit auch aktiv beeinflussen.

Gegenwärtig vollzieht sich, getrieben durch immer leistungsfähigere Informationstechnologie, ein epochaler Wandel: Waren im Zeitalter von Small Data die (personenbezogenen) Daten Material des Verarbeitungsprozesses, mit dem eine bestimmte Aufgabe erfüllt werden sollte, steht im Vordergrund von Big-Data-Ansätzen die Ansammlung von möglichst vielen Daten (Datenmaximierung) und deren Verknüpfung außerhalb des ursprünglichen Erhebungskontextes. Die Grundsätze der Erforderlichkeit und Zweckbindung, die dem klassischen Datenschutzmodell zugrunde liegen, geraten zunehmend unter Druck. Spätestens durch die Enthüllungen von Edward Snowden kann nicht mehr geleugnet werden, dass schon mit dem Siegeszug des Internets und erst recht mit dem Internet of Things ein goldenes Zeitalter für staatliche und privatwirtschaftliche Datensammler begonnen hat, denen der Einzelne ziemlich hilflos gegenübersteht.

Eine solche Situation steht im diametralen Gegensatz zum Grundrecht auf informationelle Selbstbestimmung, welches das Bundesverfassungsgericht bereits 1983 in seinem berühmten Volkszählungsurteil aus der Taufe gehoben hat. „Unter den Bedingungen der modernen Datenverarbeitung" gewährleistet das Grundrecht

> „die Befugnis des Einzelnen, grundsätzlich selbst über die Preisgabe und Verwendung seiner persönlichen Daten zu bestimmen" (BVerfG 65,1, S. 1, Leitsatz 1).

Das Gericht leitete diese Sichtweise insbesondere aus der Wertung ab, „dass der Einzelne unter den Bedingungen einer automatischen Erhebung und Verarbeitung der seine Person betreffenden Angaben nicht zum bloßen Informationsobjekt" werden darf. Die Verarbeitungsbedingungen müssten so definiert werden, dass sie die Menschenwürde wahren und die freie Entfaltung der Persönlichkeit gewährleisten. Wer befürchten müsse, dass sein gesamtes Verhalten registriert und in Persönlichkeitsprofilen zusammengefasst wird, werde sich nicht frei entscheiden und entwickeln. Er werde auf die Wahrnehmung mancher Rechte verzichten und Verhaltensweisen meiden, die irgendwelche nachteiligen Folgen für ihn haben könnten. In einer Vielzahl weiterer Entscheidungen hat das Bundesverfassungsgericht diese Sichtweise bestätigt und vertieft. Zu nennen ist hier etwa das im Jahre 2008 entwickelte Grundrecht auf Gewährleistung der Vertraulichkeit und Integrität informationstechnischer Systeme (kurz: IT-Grundrecht).

Vor diesem Hintergrund kann und darf sich Datenschutz nicht darauf beschränken, rechtliche Grenzen für die Verarbeitung des einzelnen Datums festzulegen. Es geht um die grundrechtskonforme Gestaltung von Informationstechnologie. Die Voraussetzungen hierfür sind nicht einmal so schlecht, denn die neue IT-Welt bietet durchaus Ansatzpunkte zur datenschutzgerechten Gestaltung. Anders als bei klassischen, mit Großrechnern in Rechenzentren betriebenen Datenverarbeitungssystemen des 20. Jahrhunderts, die sich außerhalb der Reichweite des Betroffenen befanden, wird der Einzelne in der IT-Welt des 21. Jahrhunderts zunehmend als „Nutzer" selbst zum Akteur in den informationstechnischen Systemen.

So richtig die Feststellung ist, dass die Digitalisierung zu immer größeren Datenmassen führt – mit entsprechenden Gefährdungen –, darf aber nicht vergessen werden, dass dieselbe Entwicklung auch Chancen für die informationelle Selbstbestimmung beinhaltet: Anders als die Computerdinosaurier, die in Großrechenzentren betrieben wurden, befinden sich moderne technische Geräte vielfach in unserer Reichweite oder zumindest in unserem virtuellen Zugriff. Was spricht also dagegen, den Betroffenen – also uns Nutzern – sehr viel mehr Möglichkeiten zu deren Steuerung zu geben?

Deshalb gewinnen Fragen nach dem Design, der Funktionsweise und der Einbettung der Informationstechnik existenzielle Bedeutung für die Zukunft der Gesellschaft und für die Entfaltungsmöglichkeiten des Einzelnen. Je stärker der „Code" unser Leben beeinflusst, desto bedeutsamer wird die Frage, wer den Code bestimmt und welchen Regeln er folgt.

3.2   Empowerment

Die Erkenntnis, dass ein Zusammenhang zwischen den rechtlichen und technischen Anforderungen an die Informationstechnologie besteht, ist nicht neu. Die Grundideen von „Privacy by Design" gehen auf die 1990er-Jahre zurück. Unter dem Stichwort „Privacy Enhancing Technologies" (PET) entwickelte der niederländische Datenschutzexperte John Borking ein kohärentes System informationstechnischer Maßnahmen zur Vermeidung beziehungsweise Eliminierung des Personenbezugs von Daten (vgl. IPC 1995). Dieses Konzept zur Datenvermeidung beziehungsweise Datensparsamkeit, das seit 2001 im Bundesdatenschutzgesetz verankert ist, hat sich allerdings in der Praxis bisher kaum durchgesetzt, insbesondere weil wirtschaftliche Interessen oder – spätestens seit den Terroranschlägen vom 11. September 2001 – staatliche Sicherheitsbedürfnisse dominierten.

Gerade angesichts der immer leistungsfähigeren IT-Systeme lohnt es sich, die teilweise verschütteten Ansätze datenschutzfreundlicher Technikgestaltung aufzugreifen, weiterzuentwickeln und mit Leben zu füllen. Heute gilt mehr denn je: Nur mit technischen Mitteln lässt sich die zügellose Sammlung, Verknüpfung und Auswertung von Daten begrenzen, ohne auf die mit dem IT-Einsatz verbundenen Vorteile zu verzichten. Gerade die interaktiven, vielfältig vernetzten IT-Strukturen und die auf ihnen erbrachten Dienste sind hochgradig gestaltbar. Dabei lassen sich vielfach Lösungen finden, die es ohne Einbußen in der Funktionalität gestatten, dem Nutzer beziehungsweise Betroffenen die Kontrolle über seine Daten zu lassen beziehungsweise wiederzugeben. Im Mittelpunkt solcher Ansätze könnten intelligente Endgeräte stehen, etwa Smartphones, die unsere Datenschutzpräferenzen verwalten und uns dazu befähigen, die Datenweitergabe zu kontrollieren und zu steuern.

Der vor mehr als 15 Jahren entwickelte P3P-Ansatz (Platform for Privacy Preferences) könnte einen guten Ausgangspunkt für derartige Datenschutzagenten liefern. Dabei handelt es sich um eine international – durch das World Wide Web Consortium – standardisierte Plattform zum Austausch von Datenschutzinformationen für Webangebote. P3P sollte Webnutzern automatisiert und schnell einen Überblick verschaffen, welche ihrer personenbezogenen Daten der Webanbieter oder Dritte zu welchen Zwecken verarbeiten. Der Nutzer legt seine Präferenzen zum Schutz der eigenen Daten in einem P3P-Agenten fest, etwa in einem P3P-fähigen Browser. Der Software-Agent vergleicht diese Nutzerpräferenz mit der vom Webanbieter in seinem Angebot hinterlegten standardisierten Beschreibung seiner Datenverarbeitungspraktiken. Liegen Abweichungen vor, wird der Nutzer darauf hingewiesen. In diesem Fall erfolgt der Zugriff auf die Website – und damit die Datenübermittlung – nur, wenn der Nutzer seine Daten ausdrücklich freigibt.

Dieses Modell ließe sich auch auf das Internet of Things übertragen. Voraussetzung wäre allerdings eine entsprechende Standardisierung und Implementierung in der Software. So könnte etwa bei digitalen Stromnetzen ein transparentes Energiemanagement ermöglicht werden, ohne dass Energieversorger oder Internetdienstleister wie Google die Details des Gebrauchs von Geräten im an Smart Meter angeschlossenen Haushalt erfahren. Entscheidend ist hier wie in anderen Anwendungsfeldern smarter Technologien, wo die Daten zusammenlaufen, wer auf sie zugreifen und sie nutzen kann. Selbstverständlich ist es für die

Energienutzer sinnvoll, mehr Kenntnisse über ihren Verbrauch zu erlangen und daraus Konsequenzen zu ziehen – etwa im Hinblick auf nutzlose Stand-by-Schaltungen oder durch den Ersatz von stromfressenden Elektrogeräten. Umgekehrt braucht der Stromlieferant für die Lastplanung seiner Netze und das Einspeisen von Energie keine Kenntnis von der individuellen Gerätenutzung oder von der mittels Thermostat eingestellten Raumtemperatur. Für ihn genügt die – nicht einmal auf den einzelnen Haushalt bezogene – Lastentwicklung in den jeweiligen Netzsegmenten. Im Rahmen einer datenschutzfreundlichen Lösung könnten die detaillierten Verbrauchswerte auf dem Smartphone des Nutzers landen. Sofern Dritte an diesen Daten interessiert sind, würden sie nur an sie weitergegeben, nachdem der Nutzer die Übermittlung ausdrücklich freigeschaltet hat.

Intelligente Fahrassistenzsysteme funktionieren auch ohne zentrale Erfassung des Aufenthaltsorts und des individuellen Fahrverhaltens. Auch für das Erkennen von Staus durch Navigationssysteme ist keine personalisierte Erfassung des Fahrverhaltens erforderlich. Schon jetzt gibt es leistungsfähige Systeme zur Messung der Verkehrslast, die pseudonymisierte und anonymisierte Daten verwenden oder die sogar ohne irgendwelche personenbezogenen Daten auskommen – etwa die „smarte Ampelsteuerung" und Verkehrslenkung in der Stadt Mannheim. Wie beim Beispiel des Stromnetzes sollte auch bei intelligenten Fahrzeugen den Nutzern eine möglichst umfassende Kontrolle über ihre detaillierten Daten eingeräumt werden. Auf jeden Fall muss ausgeschlossen werden, dass diese Angaben hinter ihrem Rücken an Dritte gelangen.

Grundsätzlich gilt es, technische Systeme so zu gestalten, dass sie auch ohne personenbezogene Daten auskommen und dass sie dem Einzelnen die Entscheidungsfreiheit über seine Daten geben. Sofern eine individualisierte Datenspeicherung erforderlich ist – etwa bei Fitness-Trackern oder Gesundheits-Apps – sollte gewährleistet werden, dass die Daten unter der Kontrolle des Nutzers gespeichert werden und nur unter von ihm selbst zu bestimmenden Bedingungen an Dritte herausgegeben werden. Die weitverbreitete Praxis, derartige Daten automatisiert in der ausschließlich vom Anbieter kontrollierten Cloud zu speichern, ist datenschutzrechtlich höchst problematisch.

Da für Datenanalysen die individuellen Identifikationsdaten im Regelfall nicht benötigt werden, reichen hier zumeist anonymisierte Daten aus. Das mit Informationstechnik ausgestattete „intelligente Auto" misst zwar alle möglichen Umwelt- und Fahrparameter. Viele dieser Daten werden aber nur für sehr kurze Zeiträume, bisweilen nur für wenige Sekunden, benötigt. Im Systemdesign sollte vorgesehen werden, dass diese Angaben gelöscht oder zumindest anonymisiert werden, wenn sie ihren Zweck erfüllt haben. Sofern auf ihrer Basis weitergehende Analysen erfolgen sollen, sollte gewährleistet werden, dass dies nur nach vorheriger Information des Fahrers beziehungsweise Halters und unter Gewährleistung technischer Schutzvorkehrungen erfolgt, etwa auch durch Verwendung von Anonymisierungstechniken. Anonymisierung – und in bestimmten Fällen, etwa bei medizinischen Langzeitbetrachtungen – die Verwendung von Pseudonymen sollte zum Standard werden, von dem nur in besonderen Fällen und in voller Transparenz für den Betroffenen abgewichen wird. Die Anonymisierung und die Bildung der Pseudonyme sollten dabei so weit wie möglich dezentral erfolgen und nicht erst serverseitig.

Von großer Bedeutung sind auch kryptografische Verfahren, die vertrauliche Informationen vor Überwachung und Registrierung schützen. Bestrebungen, verschlüsselte Kommunikation zu verbieten und Informationstechnik mit Hintertüren für Geheimdienste und sonstige Stellen auszustatten, sind kontraproduktiv. Sie greifen in das informationelle Selbstbestimmungsrecht ein und schwächen die IT-Sicherheit nicht nur dort, wo es um die Aufdeckung krimineller Aktivitäten geht. Auch bei der Kryptografie sollte die Maßgabe gelten, das Kryptomaterial – speziell die verwendeten Schlüssel – unter Kontrolle des Nutzers zu erzeugen und zu verwalten.

Ansätze wie das beschriebene P3P und der Do-Not-Track-Standard im Web zeigen in die richtige Richtung, müssen jedoch weiterentwickelt und vor allem durchgesetzt werden. Sie beschränken sich im Wesentlichen auf die Botschaft, Internetdienste mögen doch bitte die Privatsphäre wahren. Bis heute ignorieren viele Webangebote die von den Nutzern in den Browsern festgelegten Präferenzen. In manchen „Datenschutzerklärungen" kann man sogar lesen, dass die Anbieter sich dadurch nicht gehindert sehen, in einem sehr viel größeren Umfang persönliche Daten zu erheben, als vom Nutzer gewünscht. Zukünftige Datenschutztechniken haben die Preisgabe der persönlichen Informationen wirksam zu unterbinden, soweit der Betroffene das wünscht. Die bei neueren Ad-Blockern eingesetzte Technik zeigt, dass dies gelingen kann. Zudem müssen die entsprechenden Mechanismen rechtlich durchgesetzt werden – die Chancen für die Rechtsdurchsetzung steigen mit der gerade beschlossenen Europäischen Datenschutzgrundverordnung, die für Datenschutzverstöße sehr viel schärfere Sanktionen vorsieht als das bisherige Datenschutzrecht.

3.3 Informationstechnologie und gesellschaftliche Werte

Inwieweit es gelingt, zivilisatorische Errungenschaften und Werte bei der Digitalisierung unserer Lebensbedingungen zu berücksichtigen, entscheidet über den Charakter der Informationsgesellschaft, in die wir immer schneller hineinwachsen.

Darüber hinaus ist das Gelingen von der Technikgestaltung abhängig. Die Zivilisierung der IT lässt sich nur verwirklichen, wenn sich die Menschen – als Staatsbürger genauso wie als Verbraucher – in einem informationstechnischen Vertrauensrahmen bewegen. Sie müssen sicher sein, dass die Technik die zentralen Vorgaben und Regeln einhält und dass deren Einsatzbedingungen stabil sind. Nur so können sie sich auf die Vertrauenswürdigkeit von informationstechnischen Systemen verlassen.

Im Mittelpunkt aller Überlegungen zur Zukunft der Informationsgesellschaft müssen der Mensch, sein Selbstbestimmungsrecht und seine Entfaltungsmöglichkeiten stehen. Selbstbestimmung ist die Möglichkeit für den Einzelnen zur Kontrolle seines informationellen Abbilds. Der Einzelne sollte auch durch entsprechende Techniken dazu ermächtigt werden, selbst darüber zu entscheiden, was er über sich preisgibt.

Literatur

BVerfG (1983): Urteil vom 15. Dezember 1983 (Volkszählungsurteil). http://openjur.de/u/268440.html. Zugegriffen: 20.06.2016.

IPC (1995): Privacy-Enhancing Technologies: The Path to Anonymity (Volume I). https://www.ipc.on.ca/english/Resources/Discussion-Papers/Discussion-Papers-Summary/?id=329. Zugegriffen: 20.06.2016.

Lessig, Lawrence (1999): Code and Other Laws of Cyberspace. Basic Books. S. 5.

Autor

Peter Schaar ist Vorsitzender der Europäischen Akademie für Informationsfreiheit und Datenschutz (EAID). Er leitet die Schlichtungsstelle der Gesellschaft für die Telematikanwendungen der Gesundheitskarte (gematik). Von 2003 bis 2013 war er Bundesbeauftragter für den Datenschutz und die Informationsfreiheit. Schaar ist Autor zahlreicher Publikationen, darunter „Datenschutz im Internet" (2002), „Das Ende der Privatsphäre" (2007), „Total überwacht – Wie wir in Zukunft unsere Daten schützen" (2014) sowie „Das digitale Wir – Der Weg in die transparente Gesellschaft" (2015). Seine Arbeit wurde mehrfach ausgezeichnet: 2008 erhielt er den Preis der Friedrich-Ebert-Stiftung „Das politische Buch" sowie den „eco Internet Award", 2013 folgte der „Deutsche Datenschutzpreis" der Gesellschaft für Datenschutz und Datensicherheit e.V. (GDD) und im Jahr darauf der „Louis D. Brandeis Privacy Award".

Red Teaming und Wargaming: Wie lassen sich Vorstände und Aufsichtsräte stärker in das Thema Cyber Security involvieren?

Eine klassische militärische Methodik auf die Strategieentwicklung im Bereich Cyber Security übertragen

Marco Gercke

4.1 Cyber Security als Vorstandsthema

Als Rüdiger Grube 2013 mit den Worten zitiert wurde „Cybersecurity ist ein Vorstandsthema, das überlassen wir nicht den System-Administratoren" (vgl. van Zütphen 2013), war dies durchaus noch eine Besonderheit, da Cyber Security nicht zu den klassischen Themen der Unternehmensleitung zählte. Heute befindet sich der Vorstandsvorsitzende der Deutschen Bahn AG in bester Gesellschaft – steht doch mittlerweile bei immer mehr Konzernen das Thema Cyber Security auf der Agenda der höchsten Entscheider-Ebene. Bei der Münchner Sicherheitskonferenz 2014 beschäftigte sich sogar ein Kreis von 23 Dax-Vorstandschefs intensiv mit diesem Thema (vgl. Gercke et al. 2014).

Das Einbinden des Vorstandes ist konsequent, da die Zahl von geschäftsgefährdenden Angriffen auf Großunternehmen (vgl. Tsukayama 2012) als auch Mittelständler (vgl. Securitymagazine 2013) zunimmt. Selbst wenn Details der quantitativen Erfassung der Angriffe umstritten sein mögen – aus dem Blickwinkel der Vorstände von Großunternehmen ist ein Ignorieren der Bedrohungslage schon aufgrund von Haftungsrisiken kaum eine Option. Für Aktiengesellschaften bestehen sogar gesetzliche Grundlagen, aus denen die Verpflichtung hergeleitet werden kann. So verpflichtet § 91 Abs. 2 AktG den Vorstand als Teil der ordentlichen Geschäftsführung i. S .d. § 93 Abs. 1 AktG dazu, ein geeignetes Risikomanagement einzurichten, um unternehmensgefährdende Entwicklungen zu erkennen. Zwar enthält der Wortlaut der Norm keine explizite Verpflichtung im Hinblick auf Cyber Security – in der Literatur ist aber weitgehend unstrittig, dass Cyber Security ein Bestandteil des Risikomanagements darstellt und eine Verletzung der Pflichten aus § 91 Abs. 2 AktG zu einer persönlichen Haftung des Vorstands führen kann (vgl. Bürgers et al. 2014; Trappehl 2009; von Holleben 2010 et al.).

4.2 Den Vorstand in bestehende Cyber-Security-Strategien einbinden

Eine Herausforderung für die Unternehmen im Allgemeinen und die Vorstände im Besonderen ist die Integration der Vorstandsmitglieder in die Gesamtstrategie des Unternehmens. Anders als bei den technischen Aspekten von Cyber Security, wo mit Standards wie ISO 27001 klare Strukturen existieren, fehlen entsprechende Orientierungshilfen zum Involvieren von Vorständen und Aufsichtsräten. Zentrale Fragen muss eine unternehmenseigene Cyber-Security-Strategie klären, um die Entscheidungsträger sinnvoll zu integrieren. Zumindest dann, wenn die Unternehmen eine ernst zu nehmende Strategie anstreben, was nicht immer der Fall ist.

Analysiert man die Cyber-Security-Strategien von Staaten und Privatunternehmen, so fällt auf, dass es bis heute häufig Dokumente überschaubaren Umfangs sind, die sich weniger auf konkrete Anweisungen als vielmehr auf Absichtserklärungen konzentrieren. Erforderlich wären aber Strategien, die neben Grundaussagen klare Vorgaben zur Verantwortlichkeit, zu Prozessen und zu technischen Vorgaben enthalten (vgl. Gercke 2013: 136–142).

Beim Entwickeln einer solchen komplexen Strategie ergeben sich dann fast zwangsläufig wichtige Fragen im Zusammenhang mit dem Einbeziehen des Vorstands. Beispielsweise, welche Ereignisse die Zuständigkeit des Vorstands begründen. Während niemand ernsthaft den Vorstand über jeden IT-Vorfall in einem Großunternehmen informieren wird, können zugleich banale Ereignisse den Ausgangspunkt für komplexe Angriffe darstellen. Auch das bereits erfolgte Delegieren von Zuständigkeiten – beispielsweise vom Vorstand auf einen im Notfall aktiven Krisenstab – kann insofern von Bedeutung sein.

4.3 Red Teaming und Wargaming

Da sich die Strukturen und institutionellen Kapazitäten in den Unternehmen meist doch erheblich unterscheiden, lässt sich der Weg der Integration von Vorständen kaum als allgemeingültige Blaupause entwickeln und umsetzen. Erforderlich ist vielmehr eine individuelle Anpassung. Dies gilt in besonderem Maße für Großunternehmen, da hier meist komplexere Strukturen vorhanden sind. Es stellt sich die Frage, ob und wie sich der Vorstand in eine Cyber-Security-Strategie durch militärische Ansätze wie Red Teaming und Wargaming integrieren lässt.

4.3.1 Definition Red Teaming

Red Teaming oder Alternative Analysis ist eine spezifische Methode zum Überprüfen von Plänen, Strategien und Hypothesen (vgl. Fryer-Biggs 2012; Herman et al. 2009; Lauder 2009; Longbine 2008; Sabin 2012). Dabei werden zwei Teams gebildet – ein rotes und ein blaues (vgl. Wood et al. 2002): Das „Red Team" übernimmt die Rolle des Angreifers, das

„Blue Team" konzentriert sich auf die Verteidigung (vgl. CSO 2008). Diese Methode wird seit Jahrzehnten im Militärbereich erfolgreich eingesetzt (vgl. Lauder 2009 und Longbine 2008) und seit einigen Jahren auch im Zivilbereich (vgl. Lauder 2009). Es geht dabei ausdrücklich nicht nur um das Durchspielen von physischen Angriffen. Die Methodik kann auch zum Durchleuchten von theoretischen Fragestellungen aus verschiedenen Blickwinkeln und mit unterschiedlichen Schwerpunkten dienen – das reicht bis zu immateriellen Konstrukten wie einem Gesetzesentwurf (vgl. Gercke 2014).

Gerade beim Entwickeln von Cyber-Security-Strategien kann das Red Teaming hilfreich sein, da die Angriffssituation der realen Bedrohungssituation entspricht. Strategien werden aber meist aus der Position der Verteidigung entwickelt. Der Perspektivwechsel beziehungsweise das Erweitern der Perspektive erlaubt es, die eigenen Strategien besser zu hinterfragen.

4.3.2 Definition Wargaming

Wargaming ist das dynamische Simulieren realer Gefahrsituationen (vgl. Herman et al. 2009; Sabin 2012; Perla 1990; Oriesek et al. 2009). Mittels solch simulierter Situationen lassen sich Strategien risikofrei unter realistischen Bedingungen testen. Die Besonderheit liegt dabei in der Dynamik, die bei klassischen Strategieentwicklungen häufig außer Acht gelassen wird. Ein weiterer wesentlicher Vorteil von Simulationen ist der Umstand, dass sie ein realistischeres Umfeld schaffen. Bei anderen Ansätzen wie Table Desk Exercise findet zwar eine Diskussion statt, es fehlen aber Faktoren wie Stress und Anspannung. Eben diese können realistische Simulationen erzeugen.

Es ist insofern nicht verwunderlich, dass Simulationen und Wargaming nicht nur im militärischen Umfeld, sondern auch bei der Vorbereitung von Entscheidungsträgern im zivilen Umfeld zum Einsatz kommen (vgl. Herman et al. 2009; Oriesek et al. 2009; von der Gathen 2014). Gerade im Bereich Cyber Security bietet das Wargaming zahlreiche Vorteile. Cyber-Security-Vorfälle zeichnen sich oft dadurch aus, dass zu Beginn wesentliche Informationen zu Umfang und Auswirkungen nicht verfügbar sind. Darüber hinaus zeigt eine Analyse von Angriffen, dass die Komplexität erheblich zunimmt. Entscheidungsträger müssen sich daher mit der Situation auseinandersetzen, dass Entscheidungen schnell und auf Basis von teilweise nur wenig belastbaren Faktenlagen zu treffen sind.

4.3.3 Unterschiede zu aktuell genutzten Methoden

Bislang greifen Unternehmen bei der Entwicklung von Strategien im Allgemeinen und der Integration von Entscheidungsträgern im Besonderen oft auf theoretische Ansätze zurück. Dabei legen Berater im Regelfall dar, wo sie persönlich Schwachstellen und Verbesserungspotenzial sehen. Häufig werden die Auswirkungen von Schwachstellen auch durch konkrete Beispiele untermauert. Es ist aber untypisch und nicht erforderlich für diese Formate, dass die Beteiligten sich in die Position eines Angreifers begeben und aus dieser

Perspektive Schwächen einer Strategie bewusst für Angriffe auszunutzen versuchen. Ein solcher Perspektivwechsel wird bei klassischen Ansätzen oft als destruktiv und nicht zielführend eingestuft.

Das Potenzial von Red Teaming lässt sich mithilfe des folgenden Beispiels erläutern: Ist es möglich, Gesetzesentwürfe durch Red Teaming zu verbessern? Auf den ersten Blick erscheinen die Ansätze Angriffe und Gesetzgebungsverfahren schlecht vereinbar. In einem Rechtsstaat dienen gesetzliche Grenzen jedoch als ganz wesentlicher Orientierungspunkt bei der Ausrichtung des Handelns des Einzelnen beziehungsweise von Organisationen und Unternehmen. Das Ausloten der rechtlichen Grenzen hat insbesondere für Unternehmen oft eine große Bedeutung. Lücken in der Gesetzgebung können dazu führen, dass bestimmte Verhaltensweisen in genau diesem relevanten Randbereich nicht erfasst werden. Sich in die Position eines Angreifers zu begeben, der gezielt nach Schwachstellen sucht, kann genau diese Konsequenzen erkennbar machen.

Das Beispiel mag sich sehr theoretisch anhören – es gibt aber genau mit diesem Konzept praktische Erfahrungen. Bereits vor einigen Jahren wurde Red Teaming als Ansatz zur Verbesserung der Gesetzgebung im Bereich Cyber Security im Zusammenhang mit einem EU/ITU-geförderten Projekt für über 50 Länder in der Karibik, im Pazifik und in Afrika genutzt (vgl. Gercke 2013). Dabei hat sich gezeigt, dass das Red Teaming oft andere Schwachstellen zutage fördert, als in Expertenanhörungen vorgebracht werden. Positiv war es zu verdeutlichen, dass sich mögliche Schwachstellen in einem Gesetz gezielt für Angriffe nutzen lassen. Dies war weitaus eindrucksvoller und sorgte für mehr Aufmerksamkeit in der gesetzgebenden Zielgruppe als eine akademische Fachdiskussion um dogmatische und gesetzestechnische Problemfelder (vgl. Gercke 2014).

Auch im Bereich des Wargaming gibt es bereits vergleichbare Erfahrungen im Zusammenhang mit Cyber Security. Dieser dynamische Ansatz, die praktischen Auswirkungen von Cyberangriffen erkennbar zu machen, wurde beispielsweise 2015 und 2016 auf der Münchner Sicherheitskonferenz eingesetzt, um Teilnehmern das Bedrohungspotenzial aktueller Angriffe zu verdeutlichen. Während der Fokus dabei auf Regierungsmitgliedern und Entscheidungsträgern aus dem Militär- und Sicherheitsbereich lag, gibt es vergleichbare Entwicklungen auch in der Wirtschaft, wo Vorstandsmitglieder Wargaming zur Vorbereitung auf Entscheidungssituationen bei einem Angriff nutzen (vgl. van Zütphen 2013).

4.4 Einsatz von Red Teaming in Kombination mit Wargaming im Unternehmen

Wie oben bereits erwähnt, soll Red Teaming die Planung, den Betrieb und die Reaktionsfähigkeit einer Organisation verbessern. Das Red Teaming überprüft hierbei die Effizienz bestehender oder konzipierter Strategien, indem sie einem simulierten Angriff ausgesetzt werden. Ziel ist es, in bereits existierenden, womöglich in der Praxis erprobten und seit langer Zeit fortgeschriebenen Konzepten Schwachstellen zu finden und Auswirkungen bestimmter Handlungen zu antizipieren. Dabei nehmen die Protagonisten beim Red Teaming gezielt eine Außensicht ein. Durch die Annahme der Sichtweise eines Angreifers, Konkurrenten oder Gegners wird die Voraussetzung geschaffen, Schwachstellen zu identifizieren, ohne dass die Erkenntnisprozesse zum selektiven Bewerten oder Missachten von Erkenntnissen führen.

Red Teaming setzt insoweit gezielt an einem neuralgischen Punkt der Strategieentwicklung an: dem Beeinflussen der kritischen Wahrnehmungsfähigkeit der am Entwicklungsprozess beteiligten Akteure. Die Überprüfung von Schwachstellen erfolgt bei jeder Strategieentwicklung – allerdings geschieht dies bei klassischen Ansätzen aus der Perspektive derjenigen, die an der Gestaltung selbst beteiligt waren. Dies birgt das Risiko einer selektiven Betrachtung, die unbewusst auf das Bestätigen der vorhergehenden Arbeit fokussiert ist. Das Grundproblem dieser Ansätze, das das Red Teaming zu umgehen versucht, hat bereits Einstein eindrucksvoll umschrieben: „Probleme kann man niemals mit derselben Denkweise lösen, durch die sie entstanden sind."

Gerade im Bereich Cyber Security, bei dem sich im Regelfall Angreifer und Ziel gegenüberstehen, bietet diese Methodik ein besonderes Potenzial. Dabei ist allerdings zu berücksichtigen, dass „Red Teaming" meist nur sinnvoll als Teil einer Gesamtstrategieentwicklung zum Einsatz kommt – nicht aber isoliert. Denn dem Vorteil einer realistischen Überprüfung von Prozessen und Strategien steht der Nachteil gegenüber, dass bereits aus Zeitgründen regelmäßig nicht alle Angriffsvektoren ermittelt werden können und der Bericht darüber hinaus eine Momentaufnahme darstellt (vgl. Furtuna et al. 2010).

4.4.1 Systematik

Grundsätzlich lassen sich fünf Phasen eines Red-Teaming-Ansatzes unterscheiden. Dabei geht die folgende Darstellung von einer Kombination aus Red Teaming und Wargaming aus:

1. Zielsetzung
2. Teamzusammensetzung
3. Analyse
4. Wargaming
5. Bericht

Die Phasen können Teil eines iterativen Prozesses sein und sind in ihrer konkreten Durchführung im hohen Maße individualisiert.

4.4.2 Zielsetzung

Der Einsatz von Red Teaming beginnt mit einer Zieldefinition (vgl. Furtuna et al. 2010; University of Foreign Military and Cultural Studies 2002). In Bezug auf die Vorstandsintegration können durch Red Teaming beispielsweise gezielt überlappende Zuständigkeiten innerhalb eines Vorstands oder Schwachstellen in der Berichterstattung aus dem mittleren Management angegriffen werden. Eine konkrete Aufgabenstellung ist gerade wegen der Breite des möglichen Einsatzes von zentraler Bedeutung. Mit der Aufgabenstellung erfolgt regelmäßig zugleich die damit verbundene Autorisierung der simulierten Angriffe (vgl. Furtuna et al. 2010).

4.4.3 Teamzusammensetzung

Je nach Aufgabenstellung werden sodann die beiden Teams zusammengestellt (vgl. Wood et al. 2002), wobei sich, wie oben beschrieben, im Regelfall ein angreifendes und ein verteidigendes Team gegenüberstehen (vgl. Herman et al. 2009). Je nach Zielsetzung ist es allerdings auch denkbar, nur ein angreifendes Team einzusetzen, um unabhängig von einer Verteidigung Schwachstellen zu identifizieren oder um die internen Ressourcen einer Prüfung zu unterziehen (vgl. Furtuna et al. 2010). Durch die Kombination von angreifendem und verteidigendem Team lässt sich allerdings zugleich die Verteidigungsbereitschaft überprüfen.

Der Erfolg des Red Teaming ist maßgeblich von der Zusammensetzung des Teams abhängig. Dabei spielt neben der fachlichen Qualifikation die persönliche Eignung der Teammitglieder eine zentrale Rolle (vgl. University of Foreign Military and Cultural Studies 2002). Gerade im Bereich Cyber Security ist von Bedeutung, dass dem Team Fachexperten angehören (vgl. CSO 2008). Je nach Schwerpunkt können Teams interdisziplinär besetzt werden und unterschiedliche Professionen einschließen (beispielsweise technische Sicherheitsspezialisten, Managementberater, Mitglieder der Rechtsabteilung, Strategieberater, Risikomanager, Psychologen, Analysten, Experten für Simulationen und Operations Research etc.). Stehen innerhalb des Unternehmens nur beschränkte interne Ressourcen zur Verfügung oder sind diese stark gebunden, kann ein externer Dienstleister die Rolle des Angreifers übernehmen.

4.4.4 Analyse: Sammlung von Informationen und Auswertung

Die dritte Phase ist der Kernbereich des Red Teaming mit Schwerpunkt auf der Informationssammlung und -auswertung (vgl. University of Foreign Military and Cultural Studies 2002). Durch das Sammeln verfügbarer Informationen über das Angriffsziel entwickelt das angreifende Team seine Strategie. Im Rahmen der Definition der Aufgabenstellung lässt sich der Fokus auf einen konkreten Bereich lenken. Auch die Methodik der Informationsgewinnung ist höchst unterschiedlich: Man kann dem angreifenden Team die notwendigen Informationen entweder bereitstellen, oder es muss diese selbst beschaffen. Geht es um die Verifikation der Sicherung von Informationssystemen, reichen die Maßnahmen beispielsweise vom Peer-Review bis hin zu „Ethical Hacking", bei dem ein Informationssystem nach Auftrag tatsächlich angegriffen wird (vgl. Lauder 2009). Beim Einbeziehen von Vorständen in eine Cyber-Security-Strategie liegt der Fokus der Entwickler meist auf dem Auswerten von Zuständigkeiten, Schwerpunkten der Delegierung sowie der Berichterstattung. Das Bereitstellen von Informationen führt im Regelfall nicht nur zu einer Zeitersparnis, sondern kann insbesondere beim Beauftragen externer Experten Grundvoraussetzung für einen effektiven Einsatz sein (vgl. IBM 2005). Das Bereitstellen der Informationen schränkt die Handlungsmöglichkeiten des angreifenden Teams jedoch stark ein.

Die Entscheidung, welche Techniken zum Sammeln und Auswerten von Informationen eingesetzt werden, ist von der zuvor erfolgten Aufgabenstellung abhängig. Typische Fragestellungen sind: Wurden alle Optionen und die Konsequenzen eines bestimmten Vorgehens bedacht? Welche alternativen Handlungsmöglichkeiten gibt es? Welchen Effekt haben Aktionen anderer Akteure auf das eigene Vorgehen? Wie flexibel ist die eigene Planung? Welche der eigenen Handlungsmöglichkeiten hat die größte Erfolgswahrscheinlichkeit? Konkret auf das Einbeziehen von Vorständen bezogen kann beispielsweise hinterfragt werden, ob die Parameter richtig gewählt wurden, die eine Zuständigkeit des Vorstands begründen.

4.4.5 Wargaming

Red Teaming ist besonders dann effektiv, wenn es sich nicht auf die reine Analyse von Schwachstellen beschränkt, sondern mit einem simulierten Angriff kombiniert wird. Nur wenn das Red Team die Außensicht eines Angreifers einnehmen und die typischen Denkansätze und Vorgehensweisen eines Angreifers anwenden kann, entfaltet der Ansatz seine volle Wirkung. Im Idealfall profitiert das angreifende Team hierbei von seiner umfassenden Erfahrung bei der Auswahl und dem Einsatz kritischer, kreativer Methoden zur Analyse komplexer Fragestellungen und der Bewertung verschiedener Handlungsoptionen und beschränkt sich insofern nicht auf eine reine Schwachstellenidentifikation.

Das Weiterentwickeln von Schwachstellen in Angriffe zwingt die Angreifer, sich nicht auf theoretische Konzepte zu beschränken, sondern identifizierte Schwachstellen tatsächlich in Angriffsszenarien umzusetzen. Dabei zeigt die Praxis, dass sich bei Weitem nicht jede Schwachstelle automatisch in ein Angriffsszenario umwandeln lässt. So kann eine Schwachstelle in einem internen System eventuell nicht von externen Angreifern genutzt werden. Die Validierung, dass Schwachstellen tatsächlich zur Durchführung eines Angriffs genutzt werden können, ist insofern ein Kernbestandteil des Red Teaming (vgl. Furtuna et al. 2010). Allerdings ist in vielen Fällen ein tatsächlicher Angriff weder möglich noch sinnvoll. Dank der Methodik des Wargaming erfolgt der Angriff in einem kontrollierten Umfeld, wobei die wirkliche Angriffssituation realistisch nachgebildet wird. Wird die technische Seite eines Angriffs auf Informationssysteme simuliert, kann dies den Nachbau bestehender technischer Strukturen in einer Laborumgebung erfordern. Sollen hingegen grundlegende Abwehrstrategien der Entscheidungsträger überprüft werden, richtet sich das Augenmerk weniger auf den Nachbau eines technischen Systems als vielmehr auf die Bereitstellung realistischer Berichtsstrukturen.

Gerade beim Interagieren mit Vorständen und Aufsichtsräten von Großunternehmen hat sich der Simulationsansatz als besonders effektiv erwiesen. Voraussetzung dafür ist, dass die Entscheidungsstrukturen im Unternehmen realistisch abgebildet werden. Dann lassen sich sowohl Entscheidungsprozesse in Vorständen als auch in Aufsichtsräten simulieren. Der Vorteil ist dabei, dass innerhalb von nur zwei bis drei Stunden den Teilnehmern nicht nur die Bandbreite der Angriffe vor Augen geführt werden kann, sondern sich zugleich die Verteidigungsbereitschaft der Entscheidungsträger überprüfen und die Konsequenzen von Entscheidungen aufzeigen lassen. Durch zusätzliche Maßnahmen wie das Aufzeichnen von Daten zum Ermitteln des Stresslevels oder Sprachanalysen können Simulationen eine konkrete Hilfestellung beim Verbessern der Abläufe sein.

4.4.6 Bericht

Die letzte Phase beinhaltet die Dokumentation des gesamten Prozesses. Oft werden auch Handlungsempfehlungen mit eingeschlossen. Das sich daraus ergebende Lagebild kann unmittelbar zum Verbessern von Planungen und Strategien genutzt werden.

4.5 Fazit

Während Red Teaming und Wargaming in der Vergangenheit primär im Militärbereich und von großen Unternehmen eingesetzt wurden, ist eine Übertragung der Methodik auf die Optimierung von Cyber-Security-Strategien von Unternehmen und insbesondere die Einbeziehung von Vorständen ohne Weiteres möglich.

Literatur

Bürgers, Tobias; Israel, Alexander (2014): Kommentar zum AktG, 2998, § 91, Rn 12, in Bürgers, Tobias; Körber, Torsten: Heidelberger Kommentar zum AktG, 2998. C. F. Müller.

CSO (2008): Red Team Versus Blue Team: How to Run an Effective Simulation. http://www.csoonline.com/article/2122440/emergency-preparedness/red-team-versus-blue-team--how-to-run-an-effective-simulation.html. Zugegriffen: 20.06.2016.

Fryer-Biggs, Zachary (2012): Building better cyber red teams. http://www.thecre.com/fnews/?p=944. Zugegriffen: 20.06.2016.

Furtuna, Adrian; Patriciu, Victor-Valeriu; Bica, Ion (2010): Considerations about Red Teaming Usage in Assessing Information Assurance. Bucharest.

Gathen, Andreas von der (2014): Das große Handbuch der Strategie Instrumente. Campus Verlag.

Gercke, Marco (2013): Cybersecurity Strategy, Why it is necessary to move from Cybersecurity philosophies to true Cybersecurity strategies, in: CRI (2013), Nr. 5, S. 15 ff.; S. 136–142.

Gercke, Marco (2014): „Red Teaming" Ansätze zur Effektivierung von Gesetzgebungsprozessen? Die Übertragbarkeit einer klassischen, militärischen Methodik auf Gesetzgebungsprozesse im IT-Bereich, in: CR (2014), Nr. 5, S. 344–348.

Gercke, Marco; Laschet, Carsten; Schweinsberg, Klaus (2014): Cyber-Risiken als Teil unternehmerischer Leistungsverantwortung. PHI, S. 76.

Herman, Mark; Frost, Mark, Kurz, Robert (2009): Wargaming for Leaders: Strategic Decision Making from the Battlefield to the Boardroom. McGraw-Hill Education.

Holleben, Kevin Max von; Menz, Monika (2010): IT-Risikomanagement – Pflichten der Geschäftsleitung, in: CR (2010), Nr. 1, S. 63–68.

IBM (2005): Red Teams: Towards radical innovation. http://www-935.ibm.com/services/us/imc/pdf/gt510-6190-red-teams.pdf. Zugegriffen: 03.06.2016.

Lauder, Matthew (2009): Red Dawn: The Emergence of a Red Teaming Capability in the Canadian Forces, in: Canadian Army Journal (2009), Nr. 12.2, S. 25–36.

Longbine, David F. (2008): Red Teaming: Past and Present. Kansas.

Oriesek, Daniel; Schwarz, Jan Oliver (2009): Business Wargaming: Unternehmenswert schaffen und schützen. Gabler Verlag.

Perla, Peter P. (1990): The Art of Wargaming: A Guide for Professionals and Hobbyists. US Naval Institute Press.

Sabin, Philip (2012): Simulating War: Studying Conflict through Simulation Games. Bloomsbury Academic.

Securitymagazine (2013): $ 1.5 Million Cyberheist Ruins Escrow Firm. http://www.securitymagazine.com/articles/84617-15-million-cyberheist-ruins-escrow-firm. Zugegriffen 03.06.2016.

Trappehl, Bernhard (2009): Arbeitsrechtliche Konsequenzen von IT-Sicherheitsverstößen, in: NZA (2009), Nr. 18, S. 986.

Tsukayama, Hayley (2012): Report: Chinese hackers breach Nortel networks. https://www.washingtonpost.com/business/technology/report-chinese-hackers-breach-nortel-networks/2012/02/14/gIQApXsRDR_story.html. Zugegriffen: 03.06.2016.

University of Foreign Military and Cultural Studies (2002): Red Team Handbook. http://www.au.af.mil/au/awc/awcgate/army/ufmcs_red_team_handbook_apr2011.pdf. Zugegriffen 06.06.2016.

Wood, Bradley; Duggan, Ruth (2002): Red Teaming of Advanced Information Assurance Concepts, in: DARPA Information Survivability Conference and Exposition, 2002. DISCEX 00 Proceedings, Vol. 2, S. 112 ff.

Zütphen, Thomas van (2013): Vorstandsthema Cyber Crime? So sicher wie der nächste Angriff, in: Best Practice (2013), Nr. 3, S. 44 ff.

Autor

 **Prof. Dr. Marco Gercke** ist mit mehr als 500 Vorträgen in über 80 Ländern einer der weltweit führenden Experten im Bereich Cyber Security und Cyber Crime. Gercke ist Direktor des Cybercrime Research Institute mit Sitz in Köln und unterrichtet Medienstrafrecht und Europastrafrecht an der juristischen Fakultät der Universität zu Köln. Er ist darüber hinaus Lehrbeauftragter im Masterstudiengang Informationsrecht an der Universität Oldenburg und Gastprofessor für Völkerstrafrecht an der Universität Macau (China). Der Schwerpunkt seiner Tätigkeit liegt auf der Beratung internationaler Organisationen (insbesondere Vereinte Nationen, UNODC, ITU, UNICEF, UNIDIR, UN-CTITF, Europäische Union, ECOWAS und Europarat), nationaler Regierungen, Ministerien und Experten sowie Großunternehmen zu rechtlichen und politischen Fragen im Zusammenhang mit Cyber Security. Die Durchführung von Simulationen ist dabei ein wesentliches Element. Gercke ist Autor von über 100 Publikationen und hat zahlreiche rechtsvergleichende Gutachten erstellt. Seine letzte Monografie wurde in sechs Sprachen veröffentlicht.

Der Beitrag des Rechts zur IT-Sicherheit: Rechtsrahmen, Anforderungen, Grenzen

Klaus Brisch

IT-Sicherheit muss in erster Linie durch Technik sichergestellt sein – um Angreifern durch „Waffengleichheit" auf Augenhöhe zu begegnen. Technik alleine kann das Problem aber nicht lösen. Auch das Recht kann einen Beitrag zur IT-Sicherheit leisten – wenngleich es irrig ist anzunehmen, dass rechtliche Sanktionsmechanismen kriminelle Hacker davon abhalten, IT-Infrastrukturen zu infiltrieren und Unternehmen zu schädigen.

Denn die Strafverfolgung ist ein stumpfes Schwert: Internationale Strafverfolgung ist rechtlich im wahrsten Sinne nicht auf dem Stand der Technik. Die Raffinesse des technisch Möglichen ist dem juristischen Rahmen weit überlegen. Daher konzentrieren sich Gesetzgeber auf die, die etwas zu verteidigen und zu verlieren haben. Also auf IT-Anwender in Unternehmen und Haushalten. Bei Anwendern gibt es begründete Erfolgsaussichten, dass sie sich an den rechtlichen Rahmen halten und die geforderten Maßnahmen auch technisch und organisatorisch umsetzen.

Aus rechtspolitischer Sicht stellt sich damit die Frage, ob das Recht mit seinen Steuerungsinstrumenten den Risiken überhaupt Rechnung tragen kann: Können rechtliche Verantwortung und Haftung tatsächlich Anreize für IT-Hersteller, -Nutzer und -Dienstleister schaffen, um IT-Risiken wirksam zu begegnen?

Sind die Fragen nach

- den Pflichten – Wer muss welche Maßnahmen ergreifen?
- der Haftung – Wer haftet in welchem Umfang für verwirklichte Risiken?
- der Beweislage – Wer muss im Streitfall welche Tatsachen wie beweisen?

zutreffend gestellt, so wie das Bundesamt für Sicherheit in der Informationstechnik (vgl. BSI 2007) den Ansatz wählt?

5.1 Zentrale Aspekte des bestehenden Rechtsrahmens

Vor Inkrafttreten des sogenannten IT-Sicherheitsgesetzes gab es flächendeckende IT-Sicherheitsregelungen für Unternehmen verschiedener Industriesektoren und Größe lediglich im Datenschutzrecht und im Rahmen der Umsetzung von IT-Sicherheitsstandards. Da das IT-Sicherheitsgesetz zunächst nur Unternehmen bestimmter Industrien und Größe adressiert und es den allgemeinen Rechtsrahmen nur ergänzt, nicht aber ersetzt, soll dieser vorab dargestellt werden.

Von Unternehmen auf IT-Anbieter- und IT-Anwender-Seite fordert der allgemeine Rechtsrahmen vor allem, eine Datenschutzorganisation aufzubauen und zu unterhalten sowie ein IT-Risikomanagement festzulegen. Der Fokus liegt dabei auf dem Einhalten der IT-Compliance-Vorschriften, nicht zuletzt zum Vermeiden einer persönlichen Haftung von Vorstand und Geschäftsleitung.

5.1.1 IT-Compliance – Herausforderung für Vorstand und Geschäftsleitung

Nach dem im Deutschen Corporate Governance Kodex definierten Begriff der „Compliance" sorgt der Vorstand für das Einhalten „der gesetzlichen Bestimmungen sowie der unternehmensinternen Richtlinien und wirkt auf deren Beachtung durch die Konzernunternehmen hin" (Regierungskommission 2015).

Im IT-Bereich sind insbesondere technische Standards wie die betreffende ISO-Norm 27001 oder das BSI-IT-Grundschutzhandbuch bedeutsam. Sie gilt es zu beachten, auch wenn es sich dabei gerade nicht um „gesetzliche Bestimmungen" oder „unternehmensinterne Richtlinien" handelt: Technische Standards werden von Gerichten etwa dann herangezogen, wenn der gesetzliche Sorgfaltsmaßstab auszuloten und Haftungsfragen zu beantworten sind. Typische Beispielfälle sind der Datenverlust in Unternehmen oder die mangelnde IT-Verfügbarkeit, die zu Produktions- oder sonstigen Schäden führen. Gerichte überprüfen dann, ob „übliche" Standards eingehalten wurden. Unter Standards sind die allgemein anerkannten technischen Regeln zu verstehen, denen eine sogenannte Vermutungswirkung anhaftet. Werden die Standards eingehalten, entfaltet die Vermutungswirkung eine haftungsentlastende Wirkung.

5.1.1.1 Der Kern von IT-Compliance: IT-Sicherheit

Für IT-Sicherheit ist das Erfassen der IT-Risiken zentraler Kern. Dabei lassen sich

- organisatorische,
- infrastrukturelle sowie
- anwendungs- und prozessbezogene

Risiken voneinander unterscheiden.

Unter **organisatorische Risiken** fällt beispielsweise, dass die IT-Abteilung nicht ausreichend und unabhängig in die Unternehmensstruktur eingebunden ist. Häufig werden Aufgaben und Anforderungen der IT-Organisation nicht sach- und kompetenzgerecht aufgeteilt. Ferner sind sensible Daten nicht zur Genüge vor unberechtigtem Zugriff gesichert.

Zu den **infrastrukturellen Risiken** gehören unter anderem inhomogene beziehungsweise veraltete Betriebssysteme, Daten, Erhaltungssysteme oder Programmpakete. Auch baulich-technische Maßnahmen zur Absicherung des IT-Betriebs wie geeignete Wasser- und Feuerabsicherungen sowie Zutrittssicherungen fallen hierunter. Schließlich – und dies ist beinahe ein Klassiker – besteht ein infrastrukturelles Risiko, wenn die Datensicherung nicht vorhanden ist oder nur unregelmäßig vorgenommen wird. Dabei wird in der Praxis häufig übersehen, dass die Datensicherung allein nicht ausreicht. Vielmehr muss sich das Back-up auch fehlerfrei auf die originäre IT-Plattform zurückspielen lassen.

Anwendungs- und prozessbezogene Risiken können die organisatorisch beziehungsweise infrastrukturell bedingten Risiken verstärken, wenn veraltete oder nicht integrierte Anwendungen betrieben werden. Oftmals sind beispielsweise Entwickler nicht mehr für ein Unternehmen tätig, die zuvor individualisierte Anpassungen an Standardsoftware vorgenommen haben. Fehlt dann die entsprechende Dokumentation, können Anpassungen nicht oder nur mit erheblichem Aufwand weiter fortgeschrieben werden.

5.1.1.2 Haftung von Vorstand und Geschäftsführung

IT-Risiken eröffnen die Frage nach dem Haftungsrisiko für Vorstand und Geschäftsführung. Nach § 93 I AktG sowie § 43 GmbHG haften Geschäftsleiter der Gesellschaft für den entstandenen Schaden, wenn sie ihre Obliegenheiten verletzen. Damit dies nicht passiert, müssen sie im Rahmen der Gesetze, des Gesellschaftsvertrages und unter Berücksichtigung öffentlicher Interessen die Vorteile der Gesellschaft wahren und Schaden von ihr abwenden. Damit hat die Geschäftsleitung dafür Sorge zu tragen, dass die im Zusammenhang mit IT stehenden gesetzlichen Regelungen, insbesondere die datenschutzrechtlichen Vorschriften, eingehalten werden. Mehr noch: Werden im Unternehmen die für die IT-Sicherheit relevanten technischen Standards nicht befolgt, nehmen Gerichte die Geschäftsleitung in persönliche Haftung.

5.1.2   Wer ist verantwortlich?

Neben der Frage nach der Verantwortlichkeit beim Aufbau einer Compliance-konformen Unternehmensstruktur ist auch die Verantwortungsverteilung für die IT-Sicherheit in der IT-Wertschöpfungskette relevant.

5.1.2.1 Anforderungen an IT-Hersteller

Für IT-Hersteller sind vor allem das Produkthaftungs- und das Produktsicherheitsrecht relevant. Die Besonderheit der Produkthaftung liegt darin, dass sie weder einen Vertrag zwischen dem Hersteller und dem Nutzer des Produkts voraussetzt noch ein Verschulden (Vorsatz oder Fahrlässigkeit) für die Haftung des Herstellers erforderlich ist. Problematisch ist dabei allerdings, dass die Einstufung von Software als Produkt im Sinne des Produkthaftrechts für die verschuldensunabhängige Haftung, bei der es also nicht auf das Vorliegen von Vorsatz oder Fahrlässigkeit ankommt, ungeklärt ist. Für die allgemeine deliktische

Haftung, bei der im Gegensatz zur Produkthaftung gerade das Vorliegen einer vorwerfbaren, vorsätzlich oder fahrlässig begangenen Handlung entscheidend ist, zeigen sich ähnlich dem Produktsicherheitsrecht die gleichen Probleme. Denn Vermögensschäden werden nur ausnahmsweise erfasst und es bedarf einer weiten Auslegung des Eigentumsbegriffs, was bislang nicht höchstrichterlich abgesichert ist, um Schäden an Daten und Datenbeständen zu erfassen.

In der Praxis trägt das geschädigte Unternehmen die Beweislast für die Fehlerhaftigkeit der Software, ebenso wie für den Zusammenhang zwischen fehlerhaftem Produkt und Rechtsgutsverletzung sowie den in Rede stehenden Schaden – eine immens schwer zu lösende Aufgabe. Denn die Komplexität von IT und IT-Infrastrukturen im Unternehmen sowie das Zusammenspiel verschiedener Produkte und IT-Dienstleistungen lassen die Zuordnung einer eindeutigen Fehlerursache häufig nicht zu. Dazu kommt, dass Bedienungs- oder Installationsfehler seitens des geschädigten Unternehmens auszuschließen sein müssen.

5.1.2.2 Anforderungen an Netz- beziehungsweise Plattformbetreiber

Neben einer umfassenden Haftungsprivilegierung durch das Telemediengesetz (TMG) bestehen für Netz- und Plattformbetreiber ausgedehnte Pflichten zur Sicherung der eigenen IT-Systeme. Sie werden im Bereich der Telekommunikationsdienste, wenn sie selbst elektronische Kommunikationsnetze betreiben, weiter nach § 44a TKG haftungsprivilegiert.

Allerdings greifen diese Haftungsprivilegierungen nicht gegenüber Dritten, die über die Netze des Betreibers geschädigt werden, da zwischen ihnen keine vertraglichen Beziehungen bestehen, die § 44a TKG aber voraussetzt.

5.1.2.3 Rechtsrahmen für IT-Dienstleistungserbringer

Unternehmen, die ihrerseits IT-Dienstleistungen erbringen oder Produkte mithilfe der eingesetzten IT erzeugen, unterliegen zahlreichen Schutzpflichten, die sich aus spezifischen Anforderungen ergeben. Beispielhaft sei hier das Online-Banking genannt. Hier sind die Mindestanforderungen an das Risikomanagement bei deutschen Kreditinstituten infolge umfassender Verwaltungsanweisungen der Bundesanstalt für Finanzdienstleistungsaufsicht (BaFin) umfassend festgelegt.

Das IT-Sicherheitsgesetz

Seit dem 25. Juli 2015 gilt in Deutschland das IT-Sicherheitsgesetz. Es verschafft der Bundesrepublik einen deutlichen Vorsprung, wenn es um eine solide rechtliche Basis für Cyber Security geht. Demgemäß müssen Betreiber kritischer Infrastrukturen etwaige IT-Sicherheitsvorfälle dem Bundesamt für Sicherheit in der Informationstechnik (BSI) melden. Diese Meldungen werden nach Bewertung durch das BSI aufbereitet und allen Betreibern zugänglich gemacht.

Das IT-Sicherheitsgesetz fokussiert sieben Branchen und etwa 700 Anlagen (vgl. Borchers 2016). Dazu gehören Informationstechnik und Telekommunikation ebenso wie der Energiesektor, die Ernährungsindustrie, das Finanz- und Versicherungswesen sowie die

Sektoren Gesundheit und Wasser. Diese Bereiche sind nun dazu verpflichtet, sich nach Mindeststandards für IT-Sicherheit zu richten und kritische Vorfälle an das BSI weiterzukommunizieren. Welche Anlagen genau unter die Meldepflicht fallen, entscheidet die Bundesregierung anhand der sogenannten 500.000er-Regel: Sobald eine Versorgungsleistung für jeweils 500.000 oder mehr Bürger bereitgestellt wird, ist die entsprechende Anlage meldepflichtig. Der tatsächliche Verbrauch wird zur einfacheren Handhabung in einen Schwellenwert übertragen.

Im **Energiesektor** befinden sich die meisten Installationen mit meldepflichtiger IT-Sicherheit. Insgesamt sind es in diesem Bereich 320 Anlagen und Betriebe, welche die folgenden Schwellenwerte erreichen:

- Stromerzeugung beziehungsweise -speicherung: 450 Megawatt pro Jahr
- Gasversorgung: 5.190 Gigawattstunden pro Jahr
- Raffinerie: 620.000 Tonnen Heizöl pro Jahr
- Tankstellennetz: 335.000 Abgabestellen.

Der Sektor **Wasser** (Trinkwasserversorgung und Abwasserbeseitigung) stellt mit 230 Anlagen den zweitgrößten Bereich dar. Hier betrifft die Meldepflicht Kläranlagen, die 500.000 Bürger versorgen, und Wasserwerke, die für eine Bereitstellung, Aufarbeitung und Weiterleitung von 21,9 Millionen Kubikmetern Wasser pro Jahr verantwortlich sind.

In der **Ernährungsindustrie** sind aktuell 70 Anlagen meldepflichtig – nämlich solche, die 334.000 Tonnen an Lebensmitteln jährlich produzieren, lagern oder ausliefern. Bei Flüssigkeiten gilt ein Schwellwert von 274,5 Millionen Getränken.

Die **Informationstechnik** steht mit 30 Rechenzentren, Trustcentern und Server-Farmen für den kleinsten Sektor, der von der Meldepflicht aus dem IT-Sicherheitsgesetz betroffen ist. Die 500.000er-Regel gilt in diesem Bereich nur für Trustcenter. Hier bezieht sie sich auf die Anzahl an verwalteten personenbezogenen Zertifikaten. Zusätzlich wird jedes Trustcenter meldepflichtig, das 10.000 TLS-Zertifikate ausgegeben hat. Im Hinblick auf die Rechenzentren betrifft die Meldepflicht alle Installationen, die fünf Megawatt Jahresdurchschnittsleistung erreichen. Bei den Lieferanten von Content betrifft die neue Regelung diejenigen, die mehr als 75.000 Terabytes jährlich ausliefern. Server-Farmen sind ab durchschnittlich 25.000 laufenden Instanzen meldepflichtig.

Für **Telekommunikationsbetreiber** von Kommunikations- und Datennetzen sind Meldepflichten bereits im Telekommunikationsgesetz (TKG) geregelt, sodass hier durch das IT-Sicherheitsgesetz nur wenige neue Vorgaben hinzukommen. Für Netze und Übertragungsleistungen wurde ein Schwellenwert von 100.000 Teilnehmern beziehungsweise 75.000 Terabytes pro Jahr definiert. Für DNS-Server liegt der Wert bei 2,5 Millionen IP-Abfragen pro Tag oder entsprechend bei 250.000 Domains, für die der Server autoritativ ist. Wie viele Anlagen genau betroffen sind, wird aktuell noch ermittelt.

Was die Sektoren **Gesundheitswesen** sowie **Finanz- und Versicherungswesen** betrifft, so sollen bis Ende 2016 Schwellenwerte festgelegt werden. Hierzu laufen aktuell noch Gespräche.

5.1.3 Die Verordnung zu Kritischen Infrastrukturen

Eine Rechtsverordnung legt fest, wer überhaupt IT-Sicherheitsvorfälle melden muss (vgl. Bundesministerium des Inneren 2016). Die Betreiber von Kritischen Infrastrukturen können so mithilfe von quantifizierbaren und nachzuprüfenden Kriterien für die eigene Anlage prüfen, ob das IT-Sicherheitsgesetz angewendet wird. Ist das der Fall, muss der Betreiber innerhalb eines halben Jahres eine Kontaktstelle für den BSI zur Verfügung stellen und innerhalb von zwei Jahren nachweisen, dass die Mindeststandards an IT-Sicherheit eingehalten werden. Bisher bezieht sich die Verordnung auf Kritische Infrastrukturen in den Bereichen Wasser und Ernährung sowie Energie, Informationstechnik und Telekommunikation. Für 2017 ist eine Änderungsverordnung vorgesehen, die auch die Branchen Transport und Verkehr sowie das Gesundheits-, Finanz- und Versicherungswesen einbezieht.

5.1.4 Brisant: Änderungen für Telemediendienste

Eine leicht zu übersehende Anforderung des IT-Sicherheitsgesetzes, die fast jedes Unternehmen trifft, sind die mit Artikel 4 implementierten Änderungen des Telemediengesetzes. Wesentlich ist dabei § 13 Absatz 7 TMG: Soweit technisch und wirtschaftlich machbar, müssen Diensteanbieter durch technische und organisatorische Vorkehrungen sicherstellen, dass kein unerlaubter Zugriff auf die für ihre Telemedienangebote genutzten technischen Einrichtungen möglich ist. Zudem müssen sie diese Einrichtungen gegen unbefugte Zugriffe auf personenbezogene Daten und Störungen absichern – sowie gegen Angriffe von außen. Dabei müssen die Vorkehrungen – wie beispielsweise das Verschlüsseln von Daten – den Stand der Technik berücksichtigen.

Für Unternehmen ist diese Vorschrift besonders relevant, da ein Diensteanbieter im Sinne des TMG nach § 2 jede natürliche oder juristische Person ist, die eigene oder fremde Telemedien anbietet oder den Zugang vermittelt; bei audiovisuellen Mediendiensten auf Abruf ist ein Diensteanbieter jede natürliche oder juristische Person, die die Auswahl und Gestaltung der angebotenen Inhalte wirksam kontrolliert. Damit fällt letzten Endes jedes Unternehmen, das geschäftlich eine eigene Website betreibt, unter die im IT-Sicherheitsgesetz festgelegten Sicherheitsanforderungen – Unternehmen müssen sich daher ab sofort intensiv damit befassen, wie sie unerlaubte Zugriffe verhindern.

5.2 Internationales: Die NIS-Richtlinie (Netz- und Informationssicherheit) der Europäischen Union

Nach dem Vorschlag des Europäischen Parlaments und des Rates für eine Richtlinie über Netz- und Informationssicherheit (NIS-RL) sollen Betreiber von Netzwerk- und Informationssystemen mehr für Netz- und Informationssicherheit tun. Denn Sicherheit im Umfeld der Informations- und Netzsysteme ist für den Binnenmarkt und dessen reibungslose Abläufe zwingend notwendig. Schwere Systemstörungen müssen daher dringend vermieden werden. Um dies zu erreichen, sollen für die Bereiche Wasserversorgung, Gesundheit, Energie, Transport, Internet und Finanzwesen EU-weit einheitliche Richtlinien in Kraft treten. Mit dem IT-Sicherheitsgesetz erfüllt Deutschland bereits jetzt diese geplante Regelung.

Die EU-Mitgliedsstaaten sind gefordert, eine zentrale Stelle für NIS-Meldungen zu etablieren, um sich auf diesem Wege gegenseitig zu informieren sowie die European Union Agency for Network and Information Security (ENISA) mit Updates für etwaige Vorfälle zu versorgen: „Die nationalen NIS-Meldestellen, die auf diesem Weg Informationen erhalten, sollen diese an die Unternehmen in ihren Zuständigkeitsbereichen weitergeben. Reaktionen auf NIS-Bedrohungen sollen die NIS-Behörden und die ENISA europaweit koordinieren." (Lepper 2014)

Die vorgeschlagene Richtlinie würde für alle Mitgliedsstaaten ein Mindestniveau an Sicherheit für digitale Techniken, Netze und Dienste festlegen. Diese Vorgaben sowie standardisierte Maßnahmen im Risikomanagement und klare Meldevorschriften würden zu stabileren und verlässlicheren IT-Systemen in den entsprechenden Branchen führen.

5.3   Datenschutz und Datensicherheit in den USA

In den USA bestehen keine umfassenden Bundesgesetze zur Regelung von Datenschutz und Datensicherheit. Das US-Recht zum Sammeln, Verwenden, Weitergeben und Schützen von persönlichen Informationen basiert auf sich überschneidenden und teils widersprüchlichen Vorschriften auf Ebene des Bundes und der einzelnen Staaten. Auf Bundesebene wird ein sektorbezogener Ansatz mit Datenschutzregelungen und Vorschriften verfolgt, die an Industriesektoren wie die Gesundheitsvorsorge und das Finanzwesen anknüpfen. Bundesbehörden wie die Federal Trade Commission (FTC), die Federal Communication Commission (FCC) und die Börsenaufsichtsbehörde (SEC) veröffentlichen zusätzlich Regeln und Vorschriften, die das Sammeln, Nutzen und Sichern von persönlichen Informationen beeinflussen. Schließlich machen einzelne US-Staaten wie Kalifornien von ihrem Recht Gebrauch, zusätzliche Auflagen zu erheben, wie etwa die Benachrichtigungspflicht bei der Gefährdung persönlicher Informationen von Bürgern.

Wie viele Fragen die Rechtssituation in den USA im Einzelfall aufwerfen kann, illustriert der Konflikt zwischen der US-Bundespolizei FBI und Apple im Hinblick auf die Entschlüsselung der Smartphonedaten eines mutmaßlichen Terroristen (vgl. Martin-Jung 2016). Das FBI entsperrte das iPhone, ohne die Unterstützung des Herstellers Apple in Anspruch zu nehmen, wie es eigentlich im Gerichtsbeschluss angefordert war. Die Begründung dafür lautete kurz und bündig, man habe keine Mitarbeit seitens des Konzerns benötigt. Zwar endet mit der Entschlüsselung des iPhones die Auseinandersetzung zwischen Apple und dem FBI. Doch die eigentliche Frage, ob Technologieunternehmen – oder auch andere Organisationen – dazu verpflichtet werden sollen, in all ihren Produkten eine Möglichkeit zu integrieren, trotz Verschlüsselung Daten zu Ermittlungszwecken zugänglich zu machen, blieb ungeklärt.

5.4 Datenaustausch zwischen Unternehmen in der EU und den USA

Die Frage nach einem rechtmäßigen Austausch personenbezogener Daten zwischen Unternehmen aus der EU und den USA führt zu komplexen Antworten. Eines ist dabei jedoch gewiss: Der Datentransfer ohne Berücksichtigung des europäischen Rechtsrahmens löst unweigerlich die Frage nach der Haftung des übermittelnden Unternehmens und der dafür im Unternehmen verantwortlichen Personen, insbesondere der Geschäftsleitung, aus.

5.4.1 Safe Harbor

Um Rechtssicherheit zu schaffen, etablierte die Europäische Kommission im Jahr 2000 das sogenannte Safe-Harbor-Abkommen. Es sollte den Transfer personenbezogener Daten aus der EU in die USA ermöglichen – und zwar unter Einhaltung der europäischen Datenschutzrichtlinie.

Das Safe-Harbor-Abkommen wurde jedoch am 6. Oktober 2015 vom Europäischen Gerichtshof für ungültig erklärt. Seitdem gab es erhebliche Rechtsunsicherheit, ob und auf welcher Grundlage ein Unternehmen einen solchen Datentransfer auf rechtskonforme Weise abwickeln konnte.

5.4.2 Privacy Shield

Die Lösung der rechtlichen Unsicherheit liegt nun im sogenannten Privacy Shield, einem Abkommen zwischen den Vereinigten Staaten und der Europäischen Union zur Regelung des transatlantischen Datentransfers. Bereits mit der Bekanntgabe des Privacy Shield am 2. Februar 2016 wurde erhebliche Kritik an der Vereinbarung vor allem bei den Datenschützern auf europäischer Seite laut. Dabei wurde vor allem moniert, dass öffentliche Stellen in den Vereinigten Staaten weiterhin massenhaft Informationen im Dienste der öffentlichen Sicherheit sammeln können. In der Form – so die Einschätzung – werde die Vereinbarung auch keiner Überprüfung durch den Europäischen Gerichtshof standhalten (vgl. Beiersmann 2016). Laut EU-Datenschutzbeauftragtem muss das Privacy Shield die Anforderungen erfüllen, die von der neuen EU-Datenschutzrichtlinie gestellt werden. Diese tritt voraussichtlich im Mai 2018 EU-weit in Kraft und gilt auch für die Übertragung von Daten in die Vereinigten Staaten.

Trotz allen Widerstands hat die EU-Kommission am 12. Juli 2016 festgestellt, dass der neue Rahmen den Schutz der Grundrechte aller Personen in der EU gewährleiste, deren personenbezogene Daten in die USA übermittelt werden, und Rechtsklarheit für Unternehmen schaffe, die auf transatlantische Datenübermittlungen angewiesen sind (vgl. Europäische Kommission 2016). Aber unabhängig davon sind mehrere Cloud-Anbieter – wie beispielsweise die T-Systems-Partner Salesforce und SugarCRM – bereits auf regionale Rechenzentren ausgewichen, um sich abzusichern.

5.5   Fazit: Reichlich Rechtliches zu beachten

IT-Sicherheit ist nicht nur in technischer Hinsicht komplex. Auch der rechtliche Rahmen ist von verschiedensten Gesetzen, Richtlinien, Normen und technischen Standards durchdrungen. Geschäftsleiter stehen vor einer großen Herausforderung, wenn sie allen relevanten Anforderungen gerecht werden und die Gefahr einer persönlichen Haftung begrenzen wollen.

Der gesetzliche Rahmen kann die verschiedenen Risikoszenarien beleuchten, denen sich IT-Anbieter, Nutzer oder auch Netz- und Plattformbetreiber ausgesetzt sehen. Das IT-Sicherheitsgesetz macht die allgemeinen Regelungen zur Haftung nicht obsolet. Vielmehr werden diese für bestimmte Industrien ergänzt.

In der Europäischen Union schreitet das Harmonisieren der Regelungen voran – und die Richtlinie zur Netz- und Informationssicherheit weist den richtigen Weg. Deutschland ist hier vorangeschritten, da es mit dem IT-Sicherheitsgesetz weite Bereiche der Richtlinie bereits umgesetzt hat.

IT-Sicherheit ist im Kontext mit den Vereinigten Staaten für Unternehmen eine Herausforderung: Rechtliche Sicherheit beim Transfer personenbezogener Daten ist durch das Ende des Safe-Harbor-Konzepts trotz Implementierung des Privacy Shield vorläufig auf dünnem Eis. Vorsicht ist geboten, da der rechtliche Rahmen in den USA divers und die Rechtslage in der Europäischen Union fließend ist. Es darf mit Spannung auf die Beurteilung des Privacy Shield durch die Gerichte, insbesondere den Europäischen Gerichtshof, gewartet werden.

Unternehmen und deren Geschäftsleitung – das ist nicht mehr zu relativieren – haben sich um IT-Sicherheit in vollem Umfang zu kümmern. Das Argument, es handele sich nur um einen Kostenfaktor, zieht nicht. Richtig ist: IT-Sicherheit ist komplex. IT-Sicherheit ist kostspielig, risikoreich und unternehmenskritisch. IT-Sicherheit ist damit Chefsache. Was sonst?

Literatur

Beiersmann, Stefan (2016): Auch EU-Datenschutzbeauftragter lehnt Privacy Shield ab. http://www.zdnet.de/88270732/auch-eu-datenschutzbeauftragter-lehnt-privacy-shield-ab/. Zugegriffen: 16.08.2016.

Borchers, Detlef (2016): IT-Sicherheitsgesetz: Wer was wann zu melden hat. http://www.heise.de/newsticker/meldung/IT-Sicherheitsgesetz-Wer-was-wann-zu-melden-hat-3096885.html. Zugegriffen: 16.08.2016.

BSI (2007): IT-Sicherheit und Recht. https://www.bsi.bund.de/DE/Publikationen/Studien/ITSicherheit UndRecht/index_htm.html. Zugegriffen: 22.06.2016.

Bundesministerium des Inneren (2016): Kabinett beschließt erste Verordnung zur Umsetzung des IT-Sicherheitsgesetzes. http://www.bmi.bund.de/SharedDocs/Pressemitteilungen/DE/2016/04/kabinett-kritis-vo.html. Zugegriffen: 16.08.2016.

Europäische Kommission (2016): Europäische Kommission lanciert EU-US-Datenschutzschild: besserer Schutz für den transatlantischen Datenverkehr. http://europa.eu/rapid/press-release_IP-16-2461_de.htm. Zugegriffen: 19.08.2016.

Lepper, Karsten (2014): Bericht aus Brüssel. www.bdsv.eu/data/8aae7b7bc3cebbc67ea7aecfbed47b ceb9a494cdb9dca0cdc7b798bac7b778d8c3b7b3b88aae957cc2b9d1847dddd093.pdf. in: Newsletter des Bundesverband der Deutschen Sicherheits- und Verteidigungsindustrie e.V. Ausgabe 03: August 2014. Zugegriffen: 16.08.2016.

Martin-Jung, Helmut (2016): Datenschutz – Apple trotzt dem FBI. http://www.sueddeutsche.de/politik/datenschutz-apple-trotzt-dem-fbi-1.2925671. Zugegriffen: 16.08.2016.

Regierungskommission (2015): Deutscher Corporate Governance Kodex. http://www.dcgk.de/de/kommission/die-kommission-im-dialog/deteilansicht/kodexaenderungen-2015-beschlossen.html. Ziffer 4.1.3. Zugegriffen: 22.06.2016.

Autor

Klaus M. Brisch, LL.M. (USA), ist Partner der DWF Germany Rechtsanwaltsgesellschaft mbH und Fachanwalt für Informationstechnologierecht. Er berät national und international tätige Unternehmen der Informationstechnologie- und Telekommunikationsbranche in branchenspezifischen wirtschaftsrechtlichen Fragen ebenso wie Anwenderunternehmen zu Problemstellungen des IT-Rechts. Zu seinen Spezialgebieten zählen Datenschutz und Datensicherheit sowie IT-Sicherheit und Cyber Security im nationalen und internationalen Kontext.

Ferner ist Brisch auf die Begleitung von branchenspezifischen Unternehmens- und Beteiligungskäufen sowie die Gestaltung und Begleitung von komplexen Projekten der Informationstechnologie und Telekommunikation im internationalen und nationalen Umfeld, einschließlich des Outsourcing von IT-Dienstleistungen, spezialisiert. Seine Tätigkeit umfasst darüber hinaus die Beratung im Bereich IT-Compliance und das Recht des elektronischen Geschäftsverkehrs.

IT-Sicherheit: Gemeinsam sind wir stärker 6

Ralf Schneider

CIOs füllen heute eine Vielzahl von Rollen im Unternehmen aus. Die strategische Ausrichtung der IT-Umgebung gehört ebenso dazu wie ein reibungsloser operativer Betrieb von Rechenzentrum und Endgeräten. Als ob das nicht schon genug Verantwortung wäre, liegt auch die Sicherheit von Daten, Applikationen und der IT-Infrastruktur letzten Endes in der Hand des CIO. Nun gehört der Schutz von digitalen Gütern im Unternehmen seit Langem zu den Schlüsselaufgaben in der Sicherheitsstrategie. Doch seit staatsfinanzierte Hackergruppen, gewinnmaximierende Cyberteams und politisch motivierte Aktivisten auf der Angreiferseite stehen, gilt Alarmstufe Rot für digitale Werte. Zumindest sollte die aktuelle Bedrohung durch die zahlreichen Angriffsvektoren so ernst genommen werden. Doch in vielen Firmen herrscht immer noch der Glaube vor, dass Anti-Virus-Software, eine Firewall oder Schweigen als Schutzmaßnahmen genügen. Ohne Anti-Virus-Software und Firewall geht es natürlich nicht, auch wenn die beiden Systeme nur Bausteine im Sicherheitskonzept darstellen. Doch Sicherheit als Tabuthema anzusehen und möglichst nicht darüber zu sprechen, sollte inzwischen überholt sein. „Security by Obfuscation" galt früher tatsächlich als Sicherheitskonzept. Denn wenn man nichts zum Thema preisgibt, kann auch keiner Vorteile aus der Information ziehen – richtig? Falsch! Bislang wurde noch jede proprietäre Soft- oder Hardware gehackt, einfach weil die Angreifer eine Lücke fanden, die der Hersteller übersehen hatte. Darum gilt Open-Source-Software letztlich als sicherer: Die Vielzahl der Auditoren und Programmierer, die den Code untersuchen, ist ein Garant dafür, so viele Schwachstellen wie möglich schnell aufzudecken. Allein im stillen Kämmerlein zu kämpfen, funktioniert bei IT-Sicherheit nicht. Das weiß die Gegenseite übrigens schon viel länger: Die Angreifer arbeiten arbeitsteilig und in Teams; warum sollten die Verteidiger das nicht auch tun?

6.1 Die Dreifaltigkeit der IT-Sicherheit

CIOs müssen die aktuelle Situation akzeptieren. Beobachtungen der Sicherheitsfirma FireEye zeigen, dass seit Jahren rund 95 Prozent der Unternehmen unwissentlich Opfer von

Cyberattacken sind. Allein in der zweiten Hälfte des Jahres 2015 standen deutsche Unternehmen und Organisationen bereits doppelt so vielen Sicherheitsattacken gegenüber wie im Vergleichszeitraum 2014. Dazu kommt, dass insbesondere in der EMEA-Region die Angriffe durch Ransomware explosionsartig zugenommen haben (vgl. FireEye 2016a). Die Bedrohungslage ist immens. Neben Angriffen an den Grenzen des Netzwerks hat heute jeder Mitarbeiter zwei Werkzeuge im täglichen Einsatz, die Attacken direkt in das Herz des Netzes leiten können: den E-Mail-Client und den Browser. Wenn ein Mitarbeiter irrtümlich auf einen Phishing-Link klickt, öffnet er die Büchse der Pandora, vorbei an Firewall, Intrusion-Detection-System und anderen Perimeter-Barrieren. Gleiches gilt für den Browser. Drive-by-Infektionen durch legitime, aber mit Schadsoftware verseuchte Webseiten holen die Ausgeburten intelligenter, aber krimineller Hacker direkt auf den PC inmitten des LANs. Dagegen gibt es keine einfache Abhilfe. Wir leben und arbeiten in einer Informationsgesellschaft, mit steigender Tendenz hinsichtlich der Vernetzung. Mitarbeiter ohne E-Mail und mit keinem oder extrem limitiertem Internetzugang sind unproduktive Mitarbeiter. Solche restriktiven Maßnahmen lassen sich höchstens in extrem sensitiven Bereichen durchsetzen; die meisten Bürojobs kommen nicht ohne breite Kommunikationsmöglichkeiten nach außen aus. Man darf nicht vergessen, dass die Heilige Dreifaltigkeit der IT-Sicherheit durch das CIA-Prinzip ausgedrückt wird: Confidentiality, Integrity und Availability (Vertraulichkeit, Integrität, Verfügbarkeit) sollten jeweils den gleichen Stellenwert haben. Wer alles dichtmacht, gräbt der Verfügbarkeit das Wasser ab.

Doch ohne Schutz geht es nicht. Auch wenn mittlerweile längst nicht mehr jeder erfolgreiche Hack eine Schlagzeile wert ist – nicht einmal mehr bei bekannten Opfernamen – können die Folgen einer Cyberattacke drastisch sein. Der Angriff auf TalkTalk im Herbst 2015 führte zu Umsatzeinbußen von etwa 60 Millionen Pfund und kostete den britischen Mobilfunkanbieter mehr als 115.000 Kunden (vgl. Wired 2016). Und einer FireEye-Studie zufolge würden 61 Prozent der befragten Deutschen beim Hack ihrer Daten rechtliche Schritte einleiten (vgl. FireEye 2016b). Die richtige Balance zwischen Restriktion und Produktivität ist wichtig.

Doch wie schützt man ein Netz mit mehr als 280.000 Knoten, wie es die Allianz-Gruppe betreibt? Mit der passenden Hard- und Software, natürlich, aber auch mit einem sinnvollen Konzept, das Bedrohungen abgestuft begegnet, und mit der Einsicht, dass ein Unternehmen als Einzelkämpfer schlechtere Chancen bei der Verteidigung hat als innerhalb eines Teams. Der Löwenanteil der Angriffe erfolgt heute automatisiert und ohne konkretes Ziel. Das ist reines Stochern im Nebel, denn irgendjemand wird schon nachlässig gepatcht oder eine Backdoor auf einem PC übersehen haben. Wenn es diese Backdoor gibt, sind die Chancen groß, dass mehr als ein Unternehmen davon betroffen ist. Oft ist jedoch genau diese Schwachstelle bei einer anderen Organisation schon bekannt und behoben. Würden Unternehmen solche Informationen teilen, profitierten alle davon. Damit wären zwar gezielte Angriffe immer noch nicht aus der Welt, aber das aggressive Grundrauschen der digitalen Angreifer bekäme einen wirkungsvollen Dämpfer. So sind es gute Nachrichten, dass im traditionell eher informationssparsamen Milieu der IT-Sicherheit immer mehr Initiativen zur Zusammenarbeit entstehen. Ein Beispiel hierfür ist das „Coordinated Vulnerability Disclosure Manifesto", das mittlerweile bereits mehr als 20 Unternehmen und Organisationen unterzeichnet haben. Ziel des Manifests ist es, den Austausch zwischen der Cybersicherheits-Community und Unternehmen zu fördern. Gemeinsam sollen ITK-Schwachstellen entdeckt und minimiert werden. Eine solche Zusammenarbeit erfordert viel Vertrauen zwischen den Beteiligten. Bei sehr großen Firmen, bei denen extreme Werte – sowohl in finanzieller Hinsicht als auch in Bezug auf die Reputation – auf dem Spiel stehen, kommt schon aus praktischen Gründen nur ein exklusiverer Club infrage. Für die Allianz übernimmt der „Cyber Security Sharing and Analytics (CSSA) e. V." die Aufgabe des Partnernetzwerks. Darin bilden aktuell zwölf große Unternehmen keine Partner in Crime, sondern Partner against Cybercrime.

6.2 CSSA – Sicherheit durch Zusammenarbeit

Die Idee hinter dem CSSA ist, Erfahrungen bei der Cybersicherheit unter Organisationen auf Augenhöhe auszutauschen. Großkonzerne haben andere Anforderungen und nutzen vor allem andere Betriebsmodelle für IT-Sicherheit als Mittelständler. Innerhalb des CSSA sind zurzeit zwölf Schwergewichte der deutschen Wirtschaft versammelt, wie die BASF, Bosch, die Deutsche Bank, die Deutsche Börse Gruppe, SAP, Siemens, die Telekom und die Allianz. Alle teilen ein starkes Interesse an IT-Sicherheit, und alle haben erkannt, dass der gemeinsame Ansatz heute der bessere ist. Im Rahmen der Non-Profit-Organisation CSSA wurden Modelle entwickelt, wie man Informationen über Cyberattacken schnell und hoch skalierbar teilen kann, ohne die Vertraulichkeit der jeweiligen Geschäftsprozesse zu kompromittieren. Der CSSA selbst spricht von sich – nur halb im Scherz – von einer „Nachbarschaftspatrouille", die nach dem Rechten sieht und sich gegenseitig vor dem digitalen Äquivalent der unverschlossenen Haustür warnt.

Entstanden ist diese Initiative als logische Konsequenz aus einem Treffen mehrerer CIOs. Die kleine Runde stellte im Gespräch fest, dass sie viele ähnliche Probleme plagen, aber dass sie auch jeweils über individuelle Informationen verfügen, die für die anderen hilfreich sein könnten. Was die Unternehmen bisher vom Teilen dieser Daten abgehalten hatte, war der fehlende sichere und effiziente Rahmen. So wurde der CSSA im November 2014 mit sieben Gründungsmitgliedern, darunter auch die Allianz, geboren und als eingetragener Verein registriert. Als Aufnahmekriterium stand und steht der Mehrwert beziehungsweise der inhaltliche Beitrag, den ein Mitglied beisteuern kann, im Vordergrund. Die beteiligten Organisationen müssen Kompetenz und Wissen einbringen und bereits über ein stabiles Sicherheitssystem mit den grundlegenden Komponenten wie einem CERT, idealerweise einem SIEM etc., verfügen. Es wäre sinnlos, Informationen über Bedrohungen und Schwachstellen auszutauschen, wenn die Werkzeuge zur Umsetzung von Maßnahmen im Unternehmen fehlten.

Bei aller Konzentration auf eine kleine schlagkräftige Truppe ist der CSSA kein statischer Club. Neue Mitglieder sind willkommen, wenn sie die Aufnahmekriterien erfüllen. Dazu gehört auch, dass sie – wenn auch international tätig – ihren Schwerpunkt im europäischen Raum sehen.

6.2.1 Zielgerichtete Interaktion

„Handeln, nicht reden" lautet das inoffizielle Motto des CSSA. Damit nehmen sich die aktuell zwölf Mitgliedsfirmen gegenseitig in die Pflicht, im CSSA aktiv zu sein, d. h. Budget und Fachleute zur Verfügung zu stellen, damit die Menge an vorhandenen Daten auch zu greifbaren Ergebnissen umgesetzt werden kann. Eine überschaubare Zahl der beteiligten Organisationen, klar definierte Ansprechpartner und dedizierte Ressourcen im CSSA und in den Mitgliedsunternehmen machen dies möglich.

Als wichtigste Tätigkeit im CSSA sehen die Mitglieder den Austausch und die Analyse konkreter Vorfälle, Bedrohungen und Schwachstellen, um sich besser vor potenziellen Angriffen schützen zu können. Wöchentliche Telefonkonferenzen auf technischer Ebene und regelmäßige Meetings sorgen für einen regen Erfahrungsaustausch. Darüber hinaus wird über den Austausch von Threat Intelligence eine gemeinsame Datenbasis aufgebaut. Aus konkreten Angriffen gewonnene Indikatoren und Erkenntnisse werden als „Indicators of Compromise (IoC)" und strategische Informationen gesammelt, Analysen neu entdeckter Schadsoftware als Malware Reports geteilt. Die Mitgliedsunternehmen können diese Informationen in ihre eigenen Systeme einspielen und damit potenzielle Bedrohungen abblocken oder Infektionen eindämmen. Bei einigen Unternehmen passiert das schon fast vollautomatisch, andere arbeiten noch an der Integration der CSSA-Plattform in ihre Sicherheitsstruktur.

Weil die Mitglieder über verschiedene Branchen tätig sind, entsteht beim CSSA eine große Datensammlung über unterschiedlichste Bedrohungsvektoren. Dadurch lassen sich die Informationen aus einem industriespezifischen Kontext herauslösen und Verbindungen herstellen, die einzelnen Unternehmen nicht möglich wären.

Das klingt nicht nur nach einem guten Konzept – die Realität beweist, dass es auch Früchte in der Praxis trägt. So wurden bereits mehrfach Details über Angriffe auf das eigene Unternehmen auf einer strikt technischen Ebene mit den anderen CSSA-Mitgliedern geteilt, die daraufhin ihre Verteidigungssysteme entsprechend vorbereiten und anpassen konnten. In dieser Offenheit hatten das einige Beteiligte noch nie erlebt – zum Teil nicht einmal innerhalb des eigenen Unternehmens.

Auch das Teilen von Warnungen spielt eine wichtige Rolle im CSSA. Ein konkretes Beispiel ist die „DDoS for Bitcoins"-Erpressungswelle des letzten Jahres. Ein CSSA-Mitglied war früh betroffen und warnte die anderen Organisationen bereits gut eine Woche, bevor das BSI eine entsprechende Meldung herausgab. Die CSSA-Partner waren dementsprechend gut vorbereitet – tatsächlich nachfolgende Angriffe konnten abgewehrt werden.

6.2.2 Network of Trust

Wichtigste Voraussetzung für die Kollaboration im Verein ist das Vertrauen. Vertrauen darin, dass Informationen über ein anderes Mitglied nicht missbraucht werden und Wissen über eine entdeckte Schwachstelle oder gar eine Angriffswelle schnell und unverfälscht weitergegeben wird. Schon bei der Gründung wurden Richtlinien und Prozesse definiert, damit die Daten untereinander optimal geteilt werden – mit genau den richtigen Ansprechpartnern und auf keinen Fall darüber hinaus. Alle im CSSA involvierten Personen müssen persönliche Verschwiegenheitserklärungen unterzeichnen. Darin festgelegt ist ein für den CSSA angepasstes Modell des Traffic Light Protocol (TLP), bei dem unterschiedliche Vertraulichkeitsstufen durch die Farben Grün, Gelb und Rot dargestellt werden. Zusätzlich wurde für öffentlich verfügbare Informationen die Codierung „Weiß" eingeführt. Nur grünes Material darf unverschlüsselt weitergegeben werden, ab Stufe Gelb, die innerhalb des Vereins als Standard vorgegeben ist, ist Verschlüsselung erforderlich. Material der Stufe Rot darf nur innerhalb des ursprünglichen Informationskontextes geteilt werden, die Empfänger sind „For Eyes Only", also nur ein genau definierter Personenkreis.

Durch den überschaubaren Umfang des CSSA sind Verletzungen des Vertraulichkeitsprinzips unwahrscheinlich und auch noch nicht vorgekommen. Weil das Grundmodell auf Vertrauen basiert, würde eine solche Verletzung auch nicht als Kavaliersdelikt gesehen. Essenziell für die Zusammenarbeit ist natürlich auch ein abgesicherter Informationsaustausch. Neben der Vorgabe allgemeiner Sicherheitsregeln setzt der Verein verschiedene konkrete Werkzeuge ein, mit denen der Austausch über mehrere Medien und Formate geschützt abgewickelt werden kann (verschlüsselte E-Mail, Secure Data Room, Secure Chat etc.).

Die Perspektive des Vereins geht ganz klar in Richtung Kompetenzcenter und Expertenpool für die Mitglieder. Durch das „Network of Trust" unter den beteiligten Organisationen und Personen entsteht eine hochaktuelle und mit äußerst relevanten Informationen befüllte Datenbank. Entscheidend ist das Vertrauensmodell, das im Wesentlichen auf persönlichen Beziehungen und direkt verantwortlichen Ansprechpartnern basiert. Die Datenbank oder Teile davon an andere Organisationen weiterzugeben, wäre in der Zukunft denkbar, wird aber im Moment nur als Gedankenspiel gesehen. Auch staatliche Stellen sind bislang außen vor.

6.3 Die sechs Stufen der ganzheitlichen Abwehrstrategie

Auch wenn Partner hilfreich zur Seite stehen, die Hauptlast der IT-Sicherheit trägt ein optimal aufgestelltes Sicherheitssystem, das korrekt dimensioniert ist und konstant überwacht wird. Mittlerweile hat sich die Erkenntnis durchgesetzt, dass ein mehrstufiger Aufbau den besten Schutz bietet und am einfachsten zu handhaben ist, auch bei sehr großen Netzen. Angriffe werden idealerweise abgefangen, bevor sie überhaupt den Perimeter des Netzwerks erreichen. Rutscht eine Attacke durch, wird sie von den nachfolgenden Schichten blockiert. Das sieht einer Zwiebel mit ihren aufeinanderfolgenden Schalen nicht unähnlich und wird sowohl unterschiedlichen Angriffsvektoren als auch einer heterogenen Unternehmensstruktur gerecht. Bei der Allianz kommt ein sechsstufiges System zum Einsatz, das sich in der Praxis bewährt hat und kontinuierlich ausgebaut wird. Praktisch jede Stufe wurde konsequent darauf ausgelegt, von partnerschaftlich geteilten Informationen zu profitieren und wiederum Informationen an Partner weiterreichen zu können. Das funktionierte natürlich nicht von Anfang an, „out of the box" sind solche Lösungen nicht zu haben. Doch im Zuge einer Umgestaltung der IT-Prozesse konnte die Allianz viele Prozesse verschlanken und besser an die Bedürfnisse der Fachabteilungen und damit auch letztendlich der Anwender anpassen.

6.3.1 Vorsorge ist die beste Medizin

Aber wie lässt sich ein Angriff blocken, bevor er überhaupt stattfindet? Dazu ist weder eine Glaskugel noch übersinnliches Talent notwendig. **Prävention gehört als erste Schutzschicht** zu den wichtigsten Maßnahmen, denn Fehler, die schon vor dem Einsatz einer Hard- oder Software vermieden werden, stellen keine Sicherheitslücke mehr dar. Durch Prävention verhinderte Schwachstellen können auch den Partnern im Informationsnetzwerk helfen. Denn die Wahrscheinlichkeit, dass dort die gleichen Lücken unentdeckt klaffen, ist bei den heute üblichen Standardkonfigurationen von Endgeräten im Unternehmenseinsatz hoch. Ob Betriebssystem oder Anwendung, kein Programm ist fehlerfrei. Davon legen die jeden Monat zelebrierten Patch-Tuesdays von Microsoft eindrucksvoll Zeugnis ab. Doch Microsoft ist nur ein plakatives Beispiel von vielen, denn dieses Problem betrifft jeden Softwarehersteller. Die US-National-Vulnerability-Datenbank listete im Jahr 2015 8.822 Schwachstellen auf, beinahe 2.000 mehr als im Jahr zuvor (vgl. National Vulnerability Database 2016). Ganz vorne lagen dabei mit 314 Einträgen der Flash Player von Adobe sowie der Internet Explorer von Microsoft mit 231 Einträgen, gefolgt von Firefox mit 178 und Java Runtime mit 80.

Ein weiteres Problem sind selbst verschuldete Schwachstellen durch Konfigurationsfehler. Eine aktuelle Untersuchung des Sicherheitsunternehmens F-Secure hat bei Unternehmen zahlreiche Probleme wie veraltete Software oder unzureichend konfigurierte Systeme aufgedeckt (vgl. F-Secure 2016). Und genau hier liegt die Schwierigkeit: Oftmals sind die Lücken in der Unternehmens-IT auf die Konfiguration zurückzuführen. Besonders SSL hat sich in den letzten Monaten als Büchse der Pandora erwiesen. Fehler in der Implementierung und nachlässige Administration öffneten Angreifern auf Informationssuche Tür und Tor; die Vertraulichkeit der mit SSL geschützten Verbindungen wurde kompromittiert. Dabei wären diese Schwachstellen durchaus vermeidbar, was die Angriffsfläche einer Organisation drastisch reduzieren würde.

Gegen solche Fehler schützt Übersicht. Wer nicht weiß, was es in seinem Netz zu schützen gibt, kann keine entsprechenden Maßnahmen treffen. Netzwerkmanagement, Netzwerkanalyse, Dokumentation – diese Faktoren entscheiden, ob eine IT-Abteilung ihr Netz im Griff hat oder ständig durch neu auftauchende Problemherde in die Defensive gezwungen wird. Dabei machen es die Anwender den CIOs und Administratoren zunehmend schwerer. Schatten-IT ist zu einem gefürchteten Terminus geworden, der eigenmächtig aufgebaute IT-Strukturen beschreibt. Früher galten WLAN-Access-Points aus dem Elektromarkt als klassisches Beispiel für Schatten-IT. Mitarbeiter, denen die IT-Abteilung das

WLAN nicht schnell genug bereitstellen wollte, installierten einfach in der Hau-Ruck-Methode einen eigenen Access-Point im Büro – natürlich ohne die entsprechenden Sicherheitsmaßnahmen und ohne die IT-Abteilung darüber zu benachrichtigen. Was damals schon lästig war und durchaus gefährlich werden konnte – dann nämlich, wenn das ungeschützte WLAN auch außerhalb des Gebäudes zu empfangen war –, gewinnt heute neue Dimensionen. Cloud-Angebote werden von Mitarbeitern und ganzen Abteilungen gern genutzt – manchmal eben auch als Do-it-yourself-Ansatz ohne offizielle Freigabe.

Einer Untersuchung der Cloud Security Alliance (CSA) zufolge gehen bei IT-Verantwortlichen im Monatsdurchschnitt zehn Anträge ein, nach denen Anwender Services für die Nutzung eines Cloud-Dienstes anfragen (vgl. Cloud Security Alliance 2016). Allerdings benötigen die Verantwortlichen rund 18 Tage Zeit, um einen solchen Antrag zu bearbeiten und zu beurteilen. In dieser Zeitspanne könnte laut Skyhigh Networks – einem Cloud-Security-Anbieter – die Wahrscheinlichkeit für Schatten-IT zunehmen. Auch ein Blick auf den Einsatz von Cloud-Lösungen durch Unternehmen in Europa verdeutlicht dies: Die meisten der durchschnittlich mehr als 1.000 Cloud-Services je Unternehmen werden genutzt, ohne dass die IT darüber informiert wurde (vgl. Skyhigh 2016). Was die IT-Abteilung nicht kennt, kann sie auch nicht schützen, und einen unautorisierten Cloud-Dienst zu finden ist komplexer als einen eigentlich verbotenen Access-Point. Darum ist die Übersicht über das Netz und eine klare Vorstellung davon, welche Protokolle, Dienste und Anwendungen in einem bestimmten Segment laufen sollten, so wichtig, um Veränderungen aufzuspüren.

Ebenfalls in die Kategorie „Prävention" fällt das Patchen. Eigentlich ist es selbstverständlich, Fehler in Produkten durch Updates, Patches und Fixes zu beheben; die Praxis zeigt aber, dass es immer noch nicht die Regel ist. Manchmal gibt es dafür gute Gründe. Nicht jeder Patch ist unbedenklich, viel zu oft sind Updates gut gemeint, aber schlecht gemacht. Und wenn in einem Netzwerk wie dem der Allianz auch nur ein Prozent der 280.000 Endgeräte nach einem Patch wegen Unverträglichkeiten mit anderen Programmen ausfällt, sind die Verluste an Produktivität und indirekt auch an Umsatz dramatisch. Trotzdem muss Patch-Management sein, und es gibt inzwischen zahlreiche Strategien, um sowohl den Rollout – auch bei großen Netzen – als auch die Gefahr von Nebenwirkungen in den Griff zu bekommen.

6.3.2   Wissen ist Macht

Schon bei der sehr realen Gefahr der Schatten-IT wurde klar: Prävention ist nur eine Seite der Medaille; neben dem Soll-Zustand muss auch der Ist-Zustand erfasst werden. **Die zweite IT-Schutzschicht** umfasst logischerweise alles, was bereits im Unternehmen betrieben wird. Überwachung, Monitoring, Frühwarnung – die Liste der Schutzkonzepte ist lang. Wichtig ist aber vor allem, dass die Daten möglichst automatisiert erfasst werden. Bei der Allianz generieren 280.000 Netzknoten in jeder Sekunde unüberschaubar viele Daten. Nur ein intelligentes und weitgehend autarkes Filtersystem ist in der Lage, nach Relevanz und Dringlichkeit zu werten und Ereignisse zu korrelieren. Ein fehlgeschlagener Einlog-Versuch an einer Netzressource ist noch kein Hinweis auf einen Angriff. Versucht sich der gleiche Nutzer aber kurz hintereinander erfolglos an fünf anderen Ressourcen, muss reagiert werden.

Am besten agiert ein Sicherheitsinformations- und Ereignismanagement (SIEM) als übergeordnete Informationszentrale, in der Log-Dateien, Warnungen von Sicherheitssoftware wie IDS/IDP und Anti-Virus sowie auch die wertvollen Hinweise von CSSA-Partnern zusammenlaufen. Normalerweise sammelt ein SIEM Daten und bereitet sie für die Anzeige auf. Gerade in sehr großen Netzen ist es auch möglich, das SIEM beziehungsweise die Sicherheitssysteme autark reagieren zu lassen. Beim eben beschriebenen Beispiel der mehrfachen erfolglosen Anmeldungen könnte der Account des entsprechenden Nutzers gesperrt oder ein später erfolgreicher Log-in nur noch mit verringerten Rechten gestattet werden. Technisch ist das möglich, doch in vielen Unternehmen werden die Folgen auf persönlicher Ebene zu selten durchdacht. Gilt die Regelung auch bei Accounts von Managern des CxO-Levels? Wurde im Vorfeld klar kommuniziert, an wen man sich wenden muss, um die Blockade wieder aufzuheben? Ist diese Stelle rund um die Uhr verfügbar, wenn ein Mitarbeiter, der in einer anderen Zeitzone arbeitet, irrtümlich ausgesperrt wurde? Ein SIEM und die damit verbundene Infrastruktur kann heute vieles, oft ist es aber sinnvoll, den Fokus auf das Sammeln, Auswerten und Korrelieren zu legen und die aktive Gegenwehr den menschlichen IT-Ressourcen zu überlassen.

6.3.3 IT-Sicherheit ist kein Selbstzweck

Damit sind wir bei **Schicht drei** und dem Mitarbeiter angekommen, für den die IT-Sicherheit letztendlich betrieben wird. Administratoren – besonders, wenn sie Sicherheitsaufgaben erfüllen – dürfen nie vergessen, dass die tägliche Arbeit des Mitarbeiters im Mittelpunkt jeder Schutzbemühung stehen muss. IT-Sicherheit ist kein Selbstzweck; sie dient dazu, den produktiven Output sicherzustellen – seien es Produkte oder Dienstleistungen. Darum muss eine IT-Sicherheitsstrategie nicht nur danach fragen, wie man die Arbeitsmittel absichern kann, sondern auch, wie man gleichzeitig die Produktivität der Mitarbeiter gewährleisten kann. Ein PC ohne Netzanbindung, USB-Ports und CD-Laufwerk ist kaum gefährdet, besonders sinnvoll ist er allerdings im Tagesgeschäft auch nicht. Während das Thema Awareness vor einigen Jahren einen wahren Hype erlebte, hat sich die Situation mittlerweile wieder beruhigt. Viele der plötzlich aufgetauchten Awareness-Anbieter sind ebenso plötzlich wieder verschwunden. Das soll aber nicht heißen, dass Awareness nicht mehr nötig wäre, ganz im Gegenteil. Indem die Grenzen des Netzwerks immer dichter gezogen werden, sind die Angreifer umso mehr auf einen Helfer im Inneren des Netzes angewiesen. Deren Hoffnung ist nicht einmal unbegründet. Der Verizon Data Breach Investigations Report zeigt 2016, dass die Rate der Anwender, die eine Phishing-E-Mail öffnen, von 23 Prozent im letzten auf 30 Prozent in diesem Jahr gestiegen ist. Und auf den gefährlichen Link selbst klicken tatsächlich satte 12 Prozent der Anwender – zum Thema

Awareness scheint in den nächsten Jahren also noch einiges an Arbeit zu leisten zu sein (vgl. Verizon 2016).

Dies ist natürlich nicht nur die Schuld der Mitarbeiter allein. Der Druck auf die Angestellten nimmt in den Firmen zu, immer weniger Menschen müssen immer mehr Aufgaben erfüllen und – das ist entscheidend – mit immer mehr technischen und organisatorischen Werkzeugen umgehen können. Allein das beliebte Thema „Passwortsicherheit" lässt User die Augen verdrehen und Administratoren entnervt aufstöhnen. Ein Passwort muss sicher, komplex und dynamisch sein, spätestens alle drei Monate muss ein neues her. Und außerdem soll jeder wichtige Dienst ein eigenes Passwort haben. Dass Mitarbeiter dieses Spiel häufig sabotieren, verwundert kaum. Die beliebten Zettel unter der Tastatur, hinter dem Monitor oder in der Schreibtischschublade geben vielsagende Auskunft über den Unterschied zwischen gut gemeint und gut gemacht. Wer den Mitarbeiter zur Sicherheit zwingen will, erreicht nichts, am allerwenigsten mehr Sicherheit. Das Passwortthema könnte beispielsweise schon seit Jahren durch Zwei-Faktor-Authentisierung entschärft sein. Nachdem immer mehr Dienste und Betriebssysteme wie Windows 10 Multi-Faktor-Authentisierung unterstützen, dürfte zumindest dieser Dauerbrenner bald passé sein. Awareness und der Umgang mit den eigenen Mitarbeitern ist eine sehr individuelle Angelegenheit. Hier muss jedes Unternehmen und jede Abteilung ihren eigenen Weg finden und gehen. Erfahrungen anderer Partner in ähnlicher Situation, wie sie die CSSA-Mitglieder täglich machen, können allerdings im Rahmen von Best Practices dabei helfen.

6.3.4   Ein Tag wird kommen: Die Rolle von Incident Management

Dass man von all diesen digitalen Unbilden verschont bleibt, glauben heute nur noch Anfänger. Jeder CIO, der seinen Bonus wert ist, versteht, dass eines Tages ein erfolgreicher Angriff stattfinden wird. Also liegt nichts näher, als sich beizeiten für diesen Fall der Fälle vorzubereiten und die **vierte Ebene des Schutzkonzepts** aufzubauen. Gerade wenn die Alarmsirenen schrillen, ist keine Zeit für ausgedehnte Diskussionen. Es liegt in der Natur der Dinge, dass ein aktueller Angriff zu Hektik führt, zu Nervosität und zu möglicherweise überstürzten Reaktionen. Ebenso wie es hilft, immer wieder den Ernstfall zu proben, nimmt eine detaillierte Handlungsvorgabe den Druck aus der Situation. Wer weiß, was er tun muss, kann schneller das Richtige tun. Das ist manchmal nicht so einfach, wie es klingt. Wenn es um die Unternehmenssicherheit geht, können Entscheidungen enorme Konsequenzen haben. Wird beispielsweise mehr oder weniger der komplette Netzzugang gekappt, um den Datenabfluss zu stoppen, kann sich das am Ende des Jahres auf das Unternehmensergebnis auswirken. Ist nicht klar, ob ein Datenabfluss erfolgreich war oder nicht, kann es präventiv sinnvoll sein, alle Passwörter zu ändern. Eine solche Entscheidung trifft niemand gern; es muss aber klar sein, dass die Entscheidung getroffen werden kann, wenn das Risiko hoch genug ist und der Entscheidungsträger auch die Rückendeckung des Managements hat. Incident Management ist häufig auch mit forensischer Analyse verbunden, wenn es darum geht, den Angriffsweg aufzudecken und für die Zukunft zu verschließen. Meist sind dann externe Dienstleister involviert, die Zugriff auf kritische Unternehmenssysteme haben. In einer Firma, die unter anderem aufgrund der Mitgliedschaft im CSSA Vertraulichkeitsregelungen mit Externen und die sehr gezielte Weitergabe von Informationen gewöhnt ist, sollte ein solcher Aufklärungseinsatz geringere Risiken von unerwünschten Einblicken in Firmeninterna haben.

Für die Partner im CSSA ist ein erfolgreicher Angriff auf ein Mitglied natürlich kein Grund zur Freude. Trotzdem können die Organisationen von der Attacke und ihren Begleitumständen profitieren, indem sie genau diese Angriffsvektoren in ihren Netzen verschließen. Wer weiß, was bei seinen Partnern passiert, ist besser vorbereitet, kann sich präventiv schützen und möglicherweise mit Ressourcen helfen. Dass dabei zwei Unternehmen immer noch eigene Ziele verfolgen und nicht jeder Aspekt geteilt werden darf, liegt in einer Marktsituation auf der Hand. Doch durch die klaren Abstufungen des Traffic Light Protocol ist beim CSSA klar, welche Daten mit wem geteilt werden dürfen. So stehen die notwendigen Informationen – und nur diese – bereit, um entsprechend zu handeln.

6.3.5   Für den Ernstfall fitmachen

Dass Angriff die beste Verteidigung ist, weiß man seit dem Mittelalter. Das Prinzip gilt auch in der IT-Sicherheit **als weitere – fünfte – Schutzschicht**, allerdings nicht, indem man versucht, Hacker mit eigener Schadsoftware anzugehen. Wenn es keine akuten Situationen gibt, die sofortiges Handeln erfordern, lassen sich die eigenen Verteidigungssysteme am besten durch simulierte Angriffe testen. Penetration Tests, Awareness-Kampagnen mit fingierten Phishing-E-Mails, Social-Media-Angriffe durch Sicherheitsdienstleister – es gibt eine breite Palette von Maßnahmen, mit denen der Ernstfall im Kleinen durchgespielt und vorbereitet werden kann. Gegen Distributed-Denial-of-Service-Attacken (DDoS) ist es auch sinnvoll, eng mit dem Internet-Service-Provider zusammenzuarbeiten. Schnelle Abwehrmaßnahmen gegen aktuell laufende Attacken erfordern nahtlose Kommunikation, klare Kompetenzregelungen und detaillierte Kenntnis der schützenswerten eigenen Ressourcen. Wer die Ressourcen und das Know-how hat, kann auch versuchen, sehr nahe am Puls der Hacker zu sein. Viele der Untergrundforen, in denen sich ernst zu nehmende Angreifer aufhalten, sind bekannt. Neben den Herstellern von Anti-Virus-Software und anderen Sicherheitsfirmen lesen manchmal auch die IT-Abteilungen großer Organisationen mit und hoffen, Hinweise auf bevorstehende Attacken und neueste Malware-Trends zu erfahren.

6.3.6   Gemeinsam geht es besser

Und damit sind wir bei **Schicht sechs** im Verteidigungsbollwerk. Die ist – je nach Sichtweise – entweder die am schwersten oder die am leichtesten umzusetzende Stufe. Es geht um die Zusammenarbeit mit anderen und darum, Erkenntnisse von Leidensgenossen umzusetzen und natürlich auch eigene Daten zu teilen. Wer wie die CSSA-Mitglieder seine Partner bei den fünf vorhergehenden Sicherheitsmaßnahmen im Informationsnetz einbezogen hat, verfügt über eine solide, gemeinsam geteilte Informationsbasis. Sie hilft im operativen Betrieb durch eine Vielzahl relevanter und direkt in das SIEM einlaufender Daten, vereinfacht Trendbeobachtungen durch eine riesige Datenbasis und verteilt Lasten auf mehrere virtuelle Schultern.

6.4   Fazit

Was der CSSA in den Monaten seit seiner Gründung für die Mitglieder erwirkt hat, wäre im Alleingang vielleicht möglich, aber sicherlich aufwendiger gewesen. In den nächsten Jahren wird in vielen Firmen (hoffentlich) umgedacht. Über IT-Security zu sprechen galt als unfein, man könnte sich ja eine Blöße geben. Mittlerweile ist durch die beständigen erfolgreichen Angriffe klar: Jeder hat eine Blöße und oft steckt darin schon der Speer des Angreifers. Wer IT-Sicherheit nicht als ganzheitliche Aufgabe sieht, als Kombination aus Produkten, Strategien, Prozessen und – am wichtigsten – aus Partnern, wird früher oder später scheitern. Doch in einer Welt, in der digitale Informationen nicht nur Handelsströme, Überweisungen und Meinungen, sondern bald auch Autos steuern, ist Versagen keine Option.

Literatur

Cloud Security Alliance (2016): Website. https://cloudsecurityalliance.org. Zugegriffen: 24.05.2016.

FireEye (2016a): FireEye-Studie: Doppelt so viele Cyberattacken in Deutschland – starker Anstieg bei Ransomware. https://www.fireeye.de/company/press-releases/2016/fireeye-report-finds-almost-twice-as-many-cyberattacks-in-germany.html. Zugegriffen: 24.05.2016.

FireEye (2016b): FireEye-Studie zeigt: 61 Prozent der Deutschen würden rechtliche Schritte ergreifen, wenn ihre persönlichen Daten gehackt werden. https://www.fireeye.de/company/press-releases/2016/fireeye-consumer-survey.html. Zugegriffen: 24.05.2016.

F-Secure (2016): Schwachstellen zu schließen ist eine der wichtigsten Maßnahmen, um Attacken erfolgreich abzuwehren. http://www.pressebox.de/inaktiv/f-secure-gmbh/Schwachstellen-zu-schliessen-ist-eine-der-wichtigsten-Massnahmen-um-Attacken-erfolgreich-abzuwehren/boxid/796096. Zugegriffen: 24.05.2016.

National Vulnerability Database (2016): CVE and CCE Statistics Query Page. https://web.nvd.nist.gov/view/vuln/statistics. Zugegriffen: 24.5.2016.

Skyhigh (2016): Cloud Adoption and Risk in EU Report Q1 2016. http://info.skyhighnetworks.com/WPCARRQ12016EU_Download_White.html. Zugegriffen: 24.05.2016.

Verizon (2016): Verizon DBIR 2016 shows we haven't learned how to improve security. http://searchsecurity.techtarget.com/news/450294161/Verizon-DBIR-2016-shows-we-havent-learned-how-to-improve-security. Zugegriffen: 24.05.2016.

Wired (2016): TalkTalk hack toll: 100k customers and £60m. http://www.wired.co.uk/news/archive/2016-02/02/talktalk-hack-customers-lost. Zugegriffen: 24.05.2016.

Autor

Dr. Ralf Schneider ist seit 2010 Group CIO der Allianz SE. Von 2010 bis 2016 hatte er zudem die Position des IT-Vorstands der Allianz Managed Operations & Services SE inne. Zuvor war Schneider vier Jahre lang CIO der Allianz Deutschland.

Im Rahmen seiner 21-jährigen Laufbahn bei der Allianz bekleidete Schneider führende Positionen im IT-Bereich und war dabei stets der Jüngste in seiner Funktion. Er verantwortete unter anderem die Fachbereiche „Informationssysteme Vertrieb" sowie „E-Business und Projektcontrolling Deutschland". Neben seiner erfolgreichen Tätigkeit für die Allianz ist Schneider Mandatsträger mehrerer Cyber-Security-Organisationen wie des Cyber Security Sharing & Analytics (CSSA) e. V., der Deutschen Cyber Sicherheitsorganisation (DCSO) und des Digital Society Institute der ESMT Berlin.

Schneider studierte Mathematik und promovierte in Informatik, bevor er seine Laufbahn im Jahre 1995 bei der Allianz begann.

Deutscher Security-Markt: Auf der Suche nach den Rundum-sorglos-Diensten

Markus a Campo, Henning Dransfeld, Frank Heuer

7.1 Die Herausforderungen für IT-Security-Verantwortliche

Datenschutz wird in Deutschland besonders groß geschrieben. Die Datensicherheit wird jedoch von zahlreichen internen wie auch externen Faktoren bedroht. Der klassische externe Treiber für Security in Unternehmen ist der versuchte – und oft auch erfolgreiche – Zugriff von Dritten auf die IT-Systeme beziehungsweise Unternehmensdaten. Diese Art der Bedrohung hat sich in den letzten Jahren grundlegend gewandelt, da die Angriffe immer professioneller geworden sind. Grund dafür ist zum einen, dass als Gegenbewegung zur Weiterentwicklung der Security-Technologien die Angriffstechniken auf ein mindestens ebenso hohes Niveau gehoben wurden, und zum anderen, dass neben den staatlichen und politisch motivierten Akteuren die organisierte Kriminalität Cyberverbrechen als lukrative und risikoarme Einnahmequelle entdeckt hat.

Neben der klassischen Bedrohung gibt es eine neue, die sich rasch verbreitet: die „Entführung" von Dingen oder Maschinen, die über die IT gesteuert werden. Dabei geht es heute nicht mehr nur um den reinen Eingriff in die IT, um Daten zu entwenden oder unbrauchbar zu machen. Vielmehr steht neben dem englischen Begriff Security nun auch der Begriff Safety – Sicherheit vor Gefahren für Leib und Leben. Im Zeitalter von vernetzten Dingen und fortschreitender Automatisierung gehen große Gefahren von der Fremdsteuerung von IT-vernetzten Industrierobotern, Steuerungselementen und sogar Autos aus. Diese immer weiter fortschreitende Entwicklung erhöht den Druck auf die Security-Verantwortlichen gewaltig, da insbesondere das Stehlen beziehungsweise die Manipulation von Daten mit dem Ziel der Wirtschaftsspionage immer mehr zugenommen hat.

Ein wichtiger interner Treiber für neue Anforderungen an die IT-Security im Unternehmen ist die Wandlung der Arbeitswelt. Sie wird vorangetrieben von technikaffinen Mitarbeitern auf allen Ebenen, die Themen wie Bring Your Own Device (BYOD) und Social Media an die IT-Verantwortlichen herantragen. In der Folge verschwimmen die Grenzen zwischen privater und geschäftlicher Nutzung und Identitäten immer mehr, sodass die gleichzeitige Erfüllung von bestehenden geschäftlichen Unternehmensanforderungen und datenschutzrechtlichen Anforderungen der Mitarbeiter für Security-Verantwortliche immer komplexer wird. Der Trend hin zur Vermischung von geschäftlichen und privaten Lebenswelten der Mitarbeiter hat schon vor einigen Jahren begonnen, und es ist nicht abzusehen, dass er an Fahrt verliert.

Neben den internen und externen Bedrohungen sehen sich IT-Security-Verantwortliche in den Unternehmen darüber hinaus mit weiteren externen und internen Faktoren konfrontiert, die den Aktionsrahmen ganz erheblich beeinflussen. Ein wichtiger Faktor sind die gesetzlichen beziehungsweise aufsichtsrechtlichen Vorgaben, die verschiedene Branchen, zum Beispiel Finanzdienstleister, Energieversorger und Telekommunikationsanbieter, zwingen, angemessene Sicherheitsstandards (ISO 27001, BSI-Grundschutz etc.) zu erfüllen. Der Druck auf einen Teil der deutschen Unternehmen wird durch das neue IT-Sicherheitsgesetz (ITSIG) noch verschärft. Die betroffenen Unternehmen (ca. 2.000) sind als Betreiber von kritischen Infrastrukturen (Energie- und Wasserversorgung, Finanzdienstleistungen etc.) gezwungen, einen definierten Mindeststandard einzuhalten und – das ist eine zentrale Neuerung – entsprechende Nachweise im zweijährigen Turnus beim BSI einzureichen. Mit dem Zugang der Information, dass ein Unternehmen den Anforderungen des ITSIG entsprechen muss, bleiben zwei Jahre Zeit, diese umzusetzen.

Wie ernst diese Anforderungen gemeint sind, ist an den möglichen Sanktionen zu erkennen. Das BSI kann bei Nichterfüllung der Mindestanforderungen an die IT-Security die Umsetzung von entsprechenden Maßnahmen zwingend anordnen. Von den Anforderungen des ITSIG sind nicht nur die Betreiber kritischer Infrastrukturen betroffen. Die im Gesetz festgelegten Mindeststandards gelten auch für die Beziehungen zu Lieferanten und Dienstleistern. Indirekt sind auch diese vom ITSIG betroffen, sodass der Bedarf an Security-Diensten in den kommenden Jahren lawinenartig steigt.

In Zeiten der immer häufigeren Berichtspflicht des CIO an den CFO ist heute ein ganz erheblicher interner – und limitierender – Faktor der Kostendruck in den Unternehmen, der zur Folge hat, dass die Digitalisierung und Standardisierung immer weiter zunimmt und Geschäftsprozesse und Infrastrukturen teilweise oder vollständig ausgelagert werden. Insbesondere die CIOs in großen Unternehmen und Konzernen stehen unter einem erhöhten Zwang zur Rechtfertigung von IT-Ausgaben. In einer Studie der Experton Group wurde festgestellt, dass sich der seit Jahren bestehende Trend des Rückgangs der dedizierten Security-Budgets weiter fortsetzt und die Ausgaben für Security entweder aus den immer knapper werdenden IT-Budgets oder den Budgets der Fachabteilungen gedeckt werden. Somit konkurriert die von den Business-Einheiten als nicht produktiv beziehungsweise wertschöpfend wahrgenommene Security mit den aktuellen Geschäftsanforderungen.

7.2 Schutz – aber wie? Ein zersplittertes Angebot

Für die vielfältigen Sicherheitsanforderungen existiert eine Vielzahl von Lösungen und Dienstleistungen. Im Folgenden stellen wir einige wichtige Lösungen vor und geben Hinweise, inwieweit eine Auslagerung von Diensten an einen Provider Vorteile bringen kann. Ob diese Vorteile sich in der Praxis wirklich realisieren lassen, muss natürlich im Einzelfall geprüft werden.

7.2.1 Data Leakage / Loss Prevention (DLP)

Unter DLP (Data Leakage Prevention oder auch Data Loss Prevention) versteht die Experton Group die vom Anwenderunternehmen installierbaren Lösungen zur Identifizierung und Überwachung von sensiblen Daten, um sicherzustellen, dass diese nur autorisierten Benutzern zugänglich sind und dass es zu keinen Datenlecks kommt. Dabei geht es zum einen darum, kritische Daten auf ihrem Weg nach draußen zu identifizieren und gegebenenfalls zu sperren (Data Loss). Andere Ansätze kontrollieren und sichern darüber hinaus die für den Zugriff auf Daten erforderliche Infrastruktur, um einen Datenabfluss grundsätzlich zu erschweren (Data Leakage).

Besonders wenn Unternehmensdaten in einer Cloud (zum Beispiel Dropbox) abgelegt werden, bietet die Auslagerung von DLP an einen Dienstleister Vorteile. DLP-Dienstleister greifen über spezielle Schnittstellen (APIs) auf eine Vielzahl von Cloud-Implementierungen zu und bieten daher eine große Flexibilität für ihre Kunden.

7.2.2 Security Information und Event Management (SIEM)

Unter Security Information und Event Management (SIEM) versteht die Experton Group Analyselösungen zur Sammlung und Auswertung von Security-Informationen und -Events, die teilweise Big-Data-Funktionalitäten nutzen, um die Gefahren für personenbezogene und andere vertrauliche Daten besser erkennen zu können. Die besondere Herausforderung bei SIEM besteht darin, Daten aus unterschiedlichen Quellen und in verschiedenen Formaten zu normalisieren und so zu analysieren, dass auch komplexe Angriffe erkannt werden.

Während On-Premise-Lösungen im SIEM-Bereich in erster Linie die eigenen Daten sammeln und analysieren, können bei SIEM-Dienstleistern auch aktuelle, bei anderen Kunden gewonnene Daten über Angriffsmuster schnell in die Analyse einbezogen werden.

7.2.3 E-Mail / Web / Collaboration Security

Diese Sicherheitslösungen schützen im Zusammenhang mit der Nutzung des Internets sowie von E-Mail- beziehungsweise Collaboration-Lösungen vor Spam, Viren und Malware, kontrollieren den Datenverkehr und bieten als Schutz der Vertraulichkeit insbesondere Verschlüsselung.

Nach wie vor ist der Schutz von E-Mail beziehungsweise Internet-Zugriffen das „Arbeitspferd" der Informationssicherheit. Ein möglicher Vorteil bei der Auslagerung von

Sicherheitsdiensten in diesem Bereich ist die schnelle Verteilung von Informationen über neue Viren beziehungsweise Spam-Angriffe. Innerhalb eines Provider-Netzwerks findet diese Informationsverteilung quasi in Echtzeit statt.

7.2.4 Endpoint Security

Der Schutz von Endgeräten gegen Malware ist eines der ersten und ältesten Themen in der IT-Sicherheitsarchitektur. Endpoint Security ist einer der zentralen Bestandteile einer erfolgreichen Abwehrstrategie – sowohl für die Sicherheit des Unternehmens allgemein als auch für Cyber Security im Speziellen. Denn für einen erfolgreichen Angriff auf die Infrastruktur eines Unternehmens ist der erste Schritt entscheidend: Der Angreifer muss einen Fuß in die Tür bekommen und einen Anker innerhalb der Unternehmenssysteme setzen. Sicherheitsverantwortliche sind also seit jeher darauf fokussiert, solche Erstinfizierungen – beispielsweise durch Advanced Persistent Threats (APTs) – zu vermeiden.

Ein großes Problem bei der Endpoint Security stellen massenhaft auftretende Angriffe dar, bei denen die Reaktionszeit zur Analyse und Verteilung von Schutzmaßnahmen (zum Beispiel Pattern für Virenscanner) extrem kurz ist. Ausgelagerte Dienste können hier Vorteile bieten, indem der Provider von allen seinen Kunden weltweit Daten über verdächtige Dateien und Aktionen sammelt, diese mithilfe von Big-Data-Methoden analysiert und die Reaktionszeit somit stark verkürzen kann. Das gilt auch für Sandbox-Verfahren, bei denen verdächtige Dateien zunächst in einer virtuellen Umgebung (oft in einer speziellen Appliance) ausgeführt werden. Auch hier verkürzt eine zentrale Datensammlung beim Provider die Reaktionszeit bei neuen Angriffen.

Ein weiterer Vorteil bei der Auslagerung von Endpoint Security an einen Dienstleister ist die Flexibilität bei der Einbindung neuer Endgeräte, etwa Tablets oder Smartphones. Während bei On-Premise-Lösungen oft erst eine neue Software angeschafft werden muss, die genau diese Geräte verwaltet und schützt, haben Dienstleister in der Regel so gut wie alle gängigen Endgeräte in ihrem Portfolio.

7.2.5 Identity und Access Management (IAM)

Unter Identity und Access Management (IAM) versteht die Experton Group Lösungen und Services (Betrieb und Implementierung von Lösungen) zur Erfassung, Aufzeichnung und Verwaltung von Benutzeridentitäten und den damit verbundenen Zugriffsberechtigungen. IAM-Lösungen und -Services stellen sicher, dass die Zugriffsrechte entsprechend definierter Richtlinien erteilt werden.

Die Auslagerung von IAM an einen Dienstleister ist vor allem dann sinnvoll, wenn ein Unternehmen weltweit operiert und mit unterschiedlichen Geräten von beliebigen Standorten aus Zugriffe auf Unternehmensdaten vorgenommen werden müssen. Die Identifikation von Benutzern und deren Authentifizierung erfolgt dann über den Provider, der bei erfolgreicher Authentifizierung den Zugang zu den Daten freigibt.

7.2.6 Mobile Security – ist der Mitarbeiter wirklich das größte Risiko?

Die zunehmende Mobilisierung von Mitarbeitern, die mit Tablets und Smartphones von überallher sicher auf sensible Daten zugreifen, bedingt einen umfassenden Schutz einer zunehmend heterogenen Infrastruktur und Gerätelandschaft. Mobile Security wird ein immer ernster zu nehmendes Thema. Smartphones können heute genauso leicht mit Malware infiziert werden wie der klassische PC. In vielen Fällen sind sie zudem ständig mit dem Internet verbunden („always-on"), was ein zusätzliches Sicherheitsrisiko darstellt. Die rasante Entwicklung von mobilen Anwendungen führt zu wachsenden Bedrohungen. Mobile Security verlagert sich zunehmend vom Schutz der Endgeräte auf den ganzheitlichen Schutz von Inhalten, unabhängig davon, ob der Mitarbeiter von unterwegs, aus der sicheren Office-Umgebung heraus oder aus der viel unsichereren Struktur eines öffentlichen WLANs auf die Unternehmensanwendung zugreift. Im Zeitalter von „mobile first"-Design von Unternehmensanwendungen wird nach ganzheitlichen Konzepten gesucht, um Endgeräte, Anwendungen und Firmeninhalte vor Angriffen zu schützen. IT-Abteilungen setzen dabei verstärkt auf die Trennung von Firmeninhalten und die Bereitstellung über eine Containerlösung oder eine virtuelle Anwendung aus der Cloud. Letztere vermindert die Gefahr von Fremdeingriffen oder Missbrauch, da die Daten gar nicht mehr auf das Endgerät gespielt werden. Der Nachteil solcher Konzepte ist, dass der mobile Nutzer online sein muss, um überhaupt arbeitsfähig zu sein.

Es wird oft die Frage aufgeworfen, inwieweit die größte Gefahr für den Missbrauch von Unternehmensdaten vom Mitarbeiter selbst ausgeht. In der englischsprachigen Literatur spricht man in diesem Zusammenhang immer wieder vom „disgruntled employee", also dem unzufriedenen Mitarbeiter, der ganze Aktenschränke voll von Firmengeheimnissen auf seinem digitalen Datenträger nach Hause trägt. Wie verträgt sich dieses Misstrauen mit dem Zeitalter von Mobility und dem Versprechen „any time, any place, any task, any device", also der Fähigkeit, mit dem Gerät der Wahl ortsunabhängig und auftragsbezogen arbeiten zu können? Ist nicht im Gegenteil die Anzahl der „disgruntled employees" durch die flexiblen Möglichkeiten eher abnehmend und damit das Risiko insgesamt geringer? Natürlich müssen Firmen im digitalen Zeitalter nicht nur ihre, sondern auch die Daten ihrer Geschäftspartner und Kunden schützen. Doch die technischen Möglichkeiten, über Mobility einen identifizierten „disgruntled employee" oder einen ausscheidenden Mitarbeiter daran zu hindern, Firmeninformationen zu entwenden, sind heute auch größer denn je. Wer einen Prozess für Arbeitnehmer, die das Unternehmen verlassen, und deren Zugriff auf mobile Endgeräte oder Informationen implementiert hat, kann diese Bedrohung auf Knopfdruck beenden.

Schwieriger wird es an anderer Stelle. Neben dem „disgruntled employee" gibt es den „careless employee" – also den Arbeitnehmer, der sich nicht ernsthaft mit den Policies in seinem Unternehmen auseinandersetzt. Das kann, wie in der folgenden Situation beschrieben, sehr ernsthafte Konsequenzen haben. Angriffe von außen sind nur dann erfolgreich, wenn es Schwachstellen beim Angegriffenen gibt. Viren und Würmer müssen eine solche Schwachstelle in der Software oder Hardware finden, um einen Schaden anrichten zu können. Sicherheitslücken müssen identifiziert und gepatched werden. Geschwindigkeit ist dabei kritisch, um Schäden abzuwenden. Hier gibt es zwei limitierende Faktoren:

1. **Der Hersteller selbst muss die Lücke erkennen und dementsprechend reagieren.** Das läuft nicht immer reibungslos, wie das Beispiel von Android Stagefright gezeigt hat. Eine Sicherheitslücke wurde drei Monate nach Bekanntwerden gepatched. Weitere drei Monate später trat eine zweite Schwachstelle zutage.

2. **Die Arbeitnehmer müssen ihre beruflichen Endgeräte auf dem neuesten Stand halten.** Das heißt eigentlich nur, dass sie sich um die aktuelle Firmware kümmern müssen. Alles Weitere kann zentral über Mobile Device Management auf die Geräte gebracht werden. Doch sie müssen aktiviert und im System eingebettet sein. Hier zeigt sich oft in der Realität, dass die letzten zehn Prozent der „careless employees" mit viel Zeit und Aufwand mitgenommen werden müssen. CSOs und CIOs sind sich einig, dass das eine der bedeutendsten Sicherheitslücken ist, die durch Mobility entsteht.

Ausscheidende Mitarbeiter daran zu hindern, Informationen mitzunehmen, ist Aufgabe von Personalabteilung und IT-Abteilung. Unbekümmerte Mitarbeiter mitzunehmen, zu motivieren und zu animieren, die schnelle Umsetzung eines Upgrades zu ermöglichen, ist Aufgabe des Managements. Diese Herausforderung kann der beste CIO der Welt nicht alleine lösen.

Aufgrund der Vielzahl mobiler Plattformen und der unterschiedlichen Möglichkeiten zu deren sicherer Verwaltung ist die Mobile Security ein sicheres Standbein für Dienstleister. Im mobilen Bereich gelten die bei der Endpoint Security gemachten Überlegungen in einem besonderen Maße. Dienstleister stellen eine einheitliche Plattform für die Verwaltung und Absicherung der unterschiedlichsten Geräte zur Verfügung, was insbesondere bei Bring Your Own Device (BYOD) die Arbeit der eigenen Administratoren erleichtert.

7.2.7   Network Security

Gefahren drohen dem Unternehmensnetzwerk heute auf unterschiedliche Art und Weise. Neben unberechtigten Zugriffen auf Rechner durch Außenstehende sind dies beispielsweise Angriffe, die Dienste des Zielunternehmens in die Knie zwingen sollen (DoS, DDoS), aber auch die Gefahren, die vom leichtsinnigen Verhalten der eigenen Mitarbeiter herrühren können. Bei „lohnenden Zielen" arbeiten die Angreifer zudem mit hohem Aufwand und zunehmender Raffinesse, dringen tief in die Infrastruktur des Netzwerkes ein und spähen im Rahmen dieser Cyberattacken (Advanced Persistent Threats) beispielsweise über längere Zeit unbemerkt sensible Daten aus. Diesen Gefahren zu begegnen ist die Aufgabe der Lösungen für Netzwerksicherheit. Netzwerksicherheit bezieht sich im Rahmen dieses Kapitels auf die Absicherung von physikalischen Netzwerkstrukturen inklusive Wireless LANs.

Speziell den Schutz von DoS oder DDoS kann ein einzelnes Unternehmen nicht leisten, da die zur Verfügung stehende Netzwerkbandbreite für eine Verteidigung in der Regel nicht ausreicht. Deshalb bieten Internet Provider häufig die Option an, für ihre Kunden einen entsprechenden Schutz zur Verfügung zu stellen. Auch andere Dienste der Network Security eignen sich für die Auslagerung. So können etwa Firewalls oder Systeme zur Intrusion Detection und Prevention über einen Provider konfiguriert und betreut werden. Bei der Auslagerung solcher traditionell internen Security-Dienste ändert sich die Qualität der damit verbundenen Arbeitsplätze gewaltig. Wer vielleicht schon seit Jahrzehnten Firewalls administriert und deren Regelwerk konfiguriert hat, muss sich in Zukunft mit einem Provider auseinandersetzen und dessen Qualität kontrollieren. Bei der Auslagerung klassischer Network Security muss sehr behutsam vorgegangen werden, sonst sind Konflikte programmiert.

7.2.8   Fazit

Um die Daten des Unternehmens zu schützen, sehen sich IT-Security-Verantwortliche einem umfangreichen Angebot von On-Premise-Lösungen und Dienstleistungen für die unterschiedlichsten Anforderungen gegenüber. Dies hat einerseits den Vorteil, für spezifische Bedürfnisse genau die richtige Lösung zu bieten. Für viele Verantwortliche andererseits, die weder Zeit, Know-how noch Budget für Speziallösungen haben, sondern einfach das Ziel sicherer Daten verfolgen, wirkt das Angebot zu zersplittert. Dieses Problem multipliziert sich hinsichtlich der Lösungsauswahl darüber hinaus noch mit der Anbieter- und Produktzahl.

7.3   Sicherheit aus einer Hand – Managed Security Services

Gerade Entscheider in mittelgroßen Unternehmen sehen sich mit den heutigen vielfältigen, hochdynamischen Herausforderungen bei der Sicherheitsbedrohung und gleichzeitig mit Beschränkungen beim aktuellen Informationsstand sowie beim zeitlichen und finanziellen Budget konfrontiert. Zudem stehen auf dem Arbeitsmarkt nicht genügend Spezialisten für Security zur Verfügung. Daher suchen immer mehr Security-Verantwortliche nach dem, was gemeinhin als „Rundum-sorglos-Paket" bezeichnet wird – einer gemanagten Lösung aus einer Hand. Wie der IT-Markt insgesamt strebt auch der Security-Markt in Richtung Outsourcing. Für die Anwenderunternehmen bringt dies vielfältige Vorteile, unter anderem durch geringere Investitionskosten und auch geringeren Handling-Aufwand, indem ein spezialisierter Dienstleister (Managed Security Service Provider, MSSP) den Betrieb und die Überwachung von Security-Lösungen übernimmt. Dabei profitiert der Kunde auch vom aktuellen Wissen des Dienstleisters, was insbesondere bei den sich ständig ändernden Cyberbedrohungen von großem Vorteil ist. Ein MSSP ist ein Service-Provider, der Security-

Dienste hostet und verwaltet. Ein MSSP betreibt dabei eine IT-Sicherheits-Infrastruktur für einen oder mehrere Kunden.

Um die Kosten zu senken, werden die zentralen Security-Funktionen dabei oftmals im eigenen Unternehmen gehalten und operative Aufgaben werden als Managed Service teilweise oder vollständig an entsprechende Dienstleister vergeben. Dies hat den Vorteil, dass das vorhandene Expertenwissen zum Thema Security im Unternehmen verbleibt und eine weitergehende Kontrolle ausgeübt werden kann. Neben den klassischen Softwarelizenzen und individuellen Managed Services erfreuen sich standardisierte „as-a-Service"-Angebote zunehmender Beliebtheit. Dieses Segment wird sich auch zukünftig überproportional stark entwickeln.

7.3.1 Managed Service versus Cloud-Lösung

Bei der Entscheidung, Sicherheitsdienste auszulagern, muss immer auch die Frage beantwortet werden, wie weit sich die ausgelagerten Dienste von der eigenen Infrastruktur entfernen dürfen. Dabei stehen beim Managed Service in aller Regel die Geräte, die die Dienste tatsächlich umsetzen, nach wie vor beim Kunden. Sie werden allerdings vom MSSP installiert, konfiguriert und betreut. Bei einer Cloud-Lösung wird dagegen der Netzwerkverkehr über den Provider geleitet, der seine Dienste mit seinen eigenen, externen Systemen erbringt und die Daten anschließend an den Kunden weiterleitet.

Für welche Variante man sich entscheidet, wird im Rahmen einer Sourcing-Strategie festgelegt, wobei eine Reihe von Einflussfaktoren berücksichtigt werden muss:
- Sicherheit und Datenschutz
- Flexibilität des Dienstes (aufseiten des Providers)
- Flexibilität bei den Kundenanforderungen
- Aufwand für die Steuerung des Dienstes (Governance)
- Kosten
- Standardisierung
- Aufwand für die Integration des Dienstes in die eigene Infrastruktur

Ganz unabhängig von der Sourcing-Strategie gibt es eine Reihe von grundsätzlichen Vor- und Nachteilen der beiden Optionen:
- Cloud-Dienste bieten gegenüber Managed Services oft einen größeren Funktionsumfang. So kann beispielsweise ein Sandboxing-System, das verdächtige Dateien in einer abgeschotteten Umgebung ausführt und analysiert, in der Cloud in allen möglichen Betriebssystemvarianten zur Verfügung stehen. Bei einem Managed Service, bei dem die Sandbox-Appliance im eigenen Netz steht und vom MSS betreut wird, muss man sich in der Regel für eine Betriebssystem-Umgebung entscheiden.

- Cloud-Dienste lassen sich besser in Big-Data-Analysen einbinden als Managed Services, da die Daten sämtlicher Kunden bereits in der Cloud liegen und nicht erst gesammelt werden müssen. Damit können neuartige Angriffe schneller erkannt und an die Schutzsysteme kommuniziert werden.

- Unverschlüsselte Daten gelangen bei Cloud-Lösungen zunächst zum Provider, der diese prinzipiell mitlesen kann.

- Verschlüsselte Daten können bei einer Cloud-Lösung nicht analysiert werden, ohne dass der Cloud-Provider sie zuvor entschlüsselt.

- Bei einem Managed Service ist das Risiko des unberechtigten Mitlesens von Daten geringer, da diese das eigene Netzwerk nicht verlassen.

Die meisten der oben beschriebenen Sicherheitsfunktionen sind als Managed Service, Cloud-Lösung oder hybride Mischform erhältlich. Einzig der Schutz vor DDoS-Attacken wird in der Regel über die Cloud abgewickelt. Nur ein spezialisierter Provider kann die nötige Netzwerkbandbreite aufbringen, die zur Verteidigung gegen solche Angriffe erforderlich ist.

7.3.2   Auswahlkriterien

Der Markt für MSS zeigt Reifungstendenzen, gleichzeitig werden die Kunden anspruchsvoller: Immer raffiniertere Bedrohungen treffen auf den Wunsch der Kunden nach hoher Service-Bereitschaft, End-to-End-SLAs, möglichst lokalem Betrieb und gleichzeitig günstigen Preisen. Entsprechend diesen Anforderungen sieht die Experton Group folgende aggregierte Kriterien für Anbieter von Managed Security Services als besonders relevant an:

- Portfolio-Umfang der angebotenen Security-Leistungen, Umfang der betriebenen Security-Lösungen (siehe Abschnitt 7.2)
- Umfang der flankierenden Maßnahmen zur Sicherung der Verfügbarkeit und Vertraulichkeit (zum Beispiel Ausfallsicherheit, Verfügbarkeit der Hotline und Mandantentrennung)
- Security Operations Center (SOC) in Deutschland oder Europa
- Eigenes Netz (End-to-End-Verantwortlichkeit des Anbieters)

7.3.3   Bewertung der Deutschen Telekom / T-Systems als Managed-Security-Services-Anbieter

Die Experton Group hat 2015 zum zweiten Mal den Security Vendor Benchmark durchgeführt. In diesem großen Anbietervergleich hat die Experton Group unter anderem Anbieter für Managed Security Services in Deutschland analysiert und bewertet (vgl. Abb. 7.1). Die

Bewertung der Anbieter erfolgte anhand einer Vielzahl von Einzelkriterien. Diese Einzelkriterien wurden in Abhängigkeit von der jeweiligen Produktkategorie gewichtet und der Bewertung der Attraktivität des Security-Angebotes („Portfolio-Attraktivität") sowie der Stärke des Anbieters am Markt („Wettbewerbsstärke") zugrunde gelegt. Die beiden Dimensionen bilden die beiden Achsen des „Experton Market Insight-Quadranten". Die beiden Achsen sind dichotom unterteilt, sodass der „Experton Market Insight-Quadrant" vier Felder enthält, in die die Anbieter eingeteilt werden. Die Anbieter, die sowohl eine hohe Portfolio-Attraktivität als auch eine hohe Wettbewerbsstärke in sich vereinen, finden sich in dem Feld der „Leader". Die als Leader eingeordneten Hersteller verfügen über ein hoch attraktives Produkt- und Serviceangebot sowie eine ausgeprägt starke Markt- und Wettbewerbsposition und erfüllen daher alle Voraussetzungen für eine erfolgreiche Marktbearbeitung. Sie sind als strategische Taktgeber und Meinungsführer anzusehen.

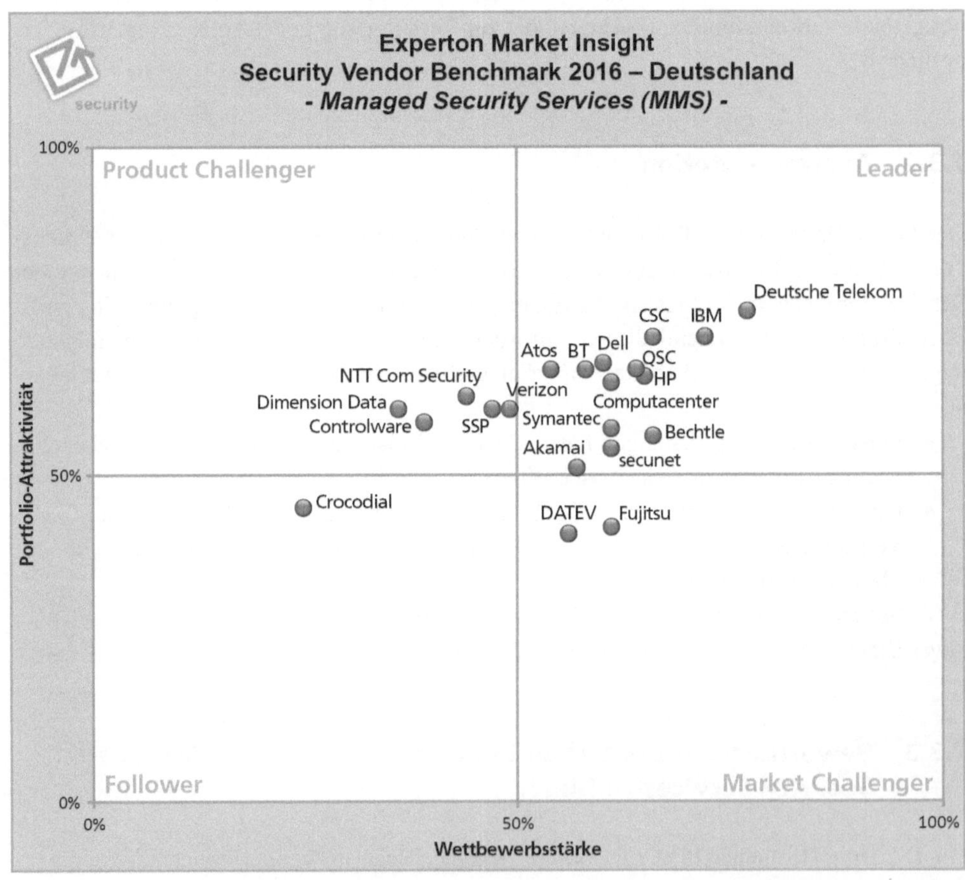

Abb. 7.1 Positionierung der Anbieter von Managed Security Services in Deutschland
Quelle: Experton Group AG

Die Deutsche Telekom (T-Systems und Telekom Deutschland) erreichte im Security Vendor Benchmark 2015 für Deutschland eine Position als Leader. Die Deutsche Telekom ist im deutschen Markt für Managed Security Services sowohl hinsichtlich der Portfolio-Attraktivität als auch der Wettbewerbsstärke das Maß der Dinge. Das Portfolio deckt die gesamte Bandbreite der Dienste ab, die von einem lückenlosen Leistungsprogramm zur Sicherung der Verfügbarkeit und Vertraulichkeit (zum Beispiel Ausfallsicherheit, Verfügbarkeit der Hotline und Mandantentrennung) flankiert werden. Zum Portfolio zählen insbesondere auch Managed Services zur Absicherung des Netzwerkes. So gehört etwa Internet Protect Pro zum Managed-Security-Services-Portfolio der Telekom. Dies steht im Kontext zur integralen Bedeutung von Security, die für die Telekom unter anderem eine Grundvoraussetzung des gesamten Produkt- und Service-Portfolios ist. Mit T-Systems und der Geschäftskundeneinheit der Telekom Deutschland adressiert die Deutsche Telekom das gesamte Spektrum vom mittelständischen Unternehmen bis hin zum internationalen Konzern. Ein zunehmend starkes Argument für die Deutsche Telekom – nicht mehr nur in Hinblick auf mittelständische Kunden (Stichwort gekipptes Safe-Harbor-Abkommen) – ist die Leistungsbereitstellung aus Deutschland unter den Regeln des deutschen Datenschutzrechtes. Als Netzbetreiber kann die Deutsche Telekom zudem End-to-End-Verantwortung anbieten – vom Data Center beziehungsweise SOC bis zum Kunden.

7.3.4 Spezielle Managed Security Services

Managed Services wachsen besonders im Mobile-Security-Bereich. Viele Firmen setzen inzwischen auf Dienstleister, um die administrativen Kosten zu reduzieren und den Schutz ihrer mobilen Daten in die Hand von Experten zu legen. Neben klassischen Softwarelizenzen und individuellen Managed Services haben sich Security-as-a-Service-Angebote stark etabliert. Sie bieten gerade kleineren Firmen einen umfangreichen Schutz durch externe Cloud-Provider. Vorteile sind schnellere Provisionierung von Virenschutz, ständige automatische Virus-Definitions-Updates, ohne dass der User seine Antivirus-Software selbst „à jour" halten muss, und das Verlagern von Aufgaben wie Log Management an den externen Provider. Dieses Modell ist besonders für Unternehmen attraktiv, denen es darum geht, ein adäquates Sicherheitsniveau für viele mobile Nutzer bei begrenztem Budget für IT-Sicherheit zu realisieren. Gerade für mobile Nutzer ist die Lösung immer ein Abwägen zwischen mobiler Freiheit, den Kosten für eine mobile Lösung und bestmöglichem Schutz der Unternehmensdaten. Inzwischen bieten viele namhafte Anbieter Mobile-Security-as-a-Service an.

Aus Sicht der Experton Group wird dieses Segment weiter wachsen. Anwender sollten sich jedoch bewusst sein, dass sich die Sicherheit für ihre vertraulichen Firmendaten nun in den Händen eines externen Dienstleisters befindet. Deshalb muss sichergestellt werden, dass der SaaS-Anbieter ein stabiles Unternehmen ist, das durch das Bundesamt für Sicherheit in der Informationstechnik geprüft und zertifiziert wurde.

Autoren

Dr.-Ing. Markus a Campo ist als Senior Advisor bei der Experton Group tätig. Die Schwerpunkte seiner Arbeit liegen in der Informationssicherheit, speziell in der Analyse von IT-Architekturen und Sicherheitskonzepten. Weitere Themen seiner Arbeit sind: Netzwerksicherheit, Security-Audits, Incident Response, sicherer Einsatz von Smartphones, Sicherheit von Web-Applikationen, Sicherheit von Zahlungssystemen sowie die Standards ISO 27001 und BSI-Grundschutzkataloge.

Als Advisor ist a Campo in Workshops tätig, bei denen Schwerpunktthemen der Informationssicherheit kundenspezifisch aufbereitet und gemeinsam mit dem Kunden Perspektiven für die Umsetzung des Themas erarbeitet werden. A Campo studierte Technische Informatik an der RWTH Aachen und promovierte 1991. Nach einer Anstellung in der IT-Abteilung eines Aluminiumkonzerns arbeitet er seit 1997 als Berater, Autor und Schulungsreferent mit dem Schwerpunkt Informationssicherheit. Weiterhin ist er von der IHK Aachen öffentlich bestellter und vereidigter Sachverständiger mit dem Bestellungstenor „Systeme und Anwendungen der Informationsverarbeitung, insbesondere im Bereich IT-Sicherheit", zertifizierter ISO 27001 Lead Auditor sowie ISO 27001 Lead Implementer.

Dr. Henning Dransfeld ist als Manager Advisor und Program Manager Mobile Enterprise bei der Experton Group tätig. Schwerpunktmäßig berät er ICT-Anwender und -Anbieter im Bereich Mobile Enterprise zu Client Strategie, Mobile Productivity, Sicherheit und Mitarbeitermotivation. Dransfeld ist ein anerkannter Experte in der Analyse von ICT-Trends, der Bewertung von Anbieterstrategien und der Positionierung im Wettbewerb mit über 18 Jahren Branchenerfahrung. Vor seinem Wechsel zur Experton Group war Dransfeld bei Forrester Research für Mobile Enterprise in Europa zuständig. Er veröffentlichte dort eine Reihe von Analysen zu aktuellen Mobility-Themen, unter anderem „Demystifying BYOD in Europe". Zuvor hatte er in seinem achtjährigen Einsatz bei T-Systems verschiedene Positionen als Projektleiter in den Bereichen Marketing, Vertriebsstrategie und Unternehmensstrategie inne. Zuletzt verantwortete er dort das Solution Marketing für Mobile Enterprise und Workplace Services. Vor seiner Tätigkeit bei T-Systems war Dransfeld sechs Jahre als Analyst bei Ovum in London tätig. Er leitete dort den Advisory Service für IP-Kommunikationsdienstleistungen, verantwortete zahlreiche Studien und Prognosen unter anderem für IP Communications Services und war Research Director im Bereich ICT-Netzwerk-Strategie.

Dransfeld ist ein erfahrener Sprecher auf internationalen Konferenzen, wie zum Beispiel der European VPN User Association (EVUA) und dem europäischen IPQC Mobility Exchange. Er hat an der Henley Business School, der Universität von Wales und der Université 1, Institut de Gestion Rennes, studiert.

Frank Heuer ist bei der Experton Group als Senior Advisor und Lead Advisor für Social Business tätig. Sein Schwerpunkt liegt auf den Themen Social Business, Kommunikationsdienste und -lösungen, Unified Communications sowie Cloud Computing, insbesondere Communications-as-a-Service. Heuer ist seit 1999 in der ICT-Marktanalyse und -Beratung aktiv. Zu seinen Aufgabengebieten gehören insbesondere die Beratung von ICT-Anbietern zum strategischen und operativen Marketing sowie zum Vertrieb. Er führte für renommierte Anbieter Go-to-Market-Studien durch und erstellte Analysen unter anderem zu den Themen Social Business, Unified Communications (as-a-Service), Cloud Computing, IT-Security, Telekommunikationsdienste, konvergente Lösungen und Next Generation Networks.

Bis 2011 war Heuer als Leiter des Competence Centers Communications & Cloud Services bei der techconsult GmbH tätig. Er war Co-Autor des BITKOM-Leitfadens zu Cloud Computing und ist als Sprecher bei Konferenzen und Webcasts zu seinen Themenschwerpunkten im Einsatz. Heuer ist Diplom-Kaufmann und studierte an der Universität Trier.

CSP statt 007: Integrierte Qualifizierung im Bereich Cyber Security

Rüdiger Peusquens

Ob Mittelständler oder Branchenriese: In einer Umfrage geben 92 Prozent der Führungskräfte an, die IT-Sicherheit habe einen hohen oder sogar sehr hohen Stellenwert (vgl. Telekom 2015). Aus gutem Grund. Im Industrie-4.0-Zeitalter steigt mit der wachsenden intelligenten Vernetzung von Menschen, Maschinen und Produktionsprozessen zugleich das Risiko von Angriffen. Alerts, Cyberangriffe und andere Bedrohungen müssen täglich erfolgreich abgewehrt werden – und zwar im Stunden-, Minuten- und mitunter sogar Sekundentakt. Die Herausforderung dabei: Mit IT-Systemen allein ist das Katz-und-Maus-Spiel zwischen Angreifer und Verteidiger nicht zu lösen. Hier werden dringend gut ausgebildete IT-Sicherheitsexperten benötigt. Doch woher nehmen? Der Fachkräftemarkt in diesem Segment ist überschaubar – auch, weil es in Deutschland bisher keine speziellen Ausbildungs- und Studiengänge für Abwehr- und Sicherheitsexperten gibt. Die wenigen Experten auf dem Markt sind heiß begehrt und entsprechend sehr teuer. Und langwierige Ausschreibungsverfahren kosten Zeit und Geld – zudem lösen sie das Problem nur mittelfristig.

8.1 Neues Berufsbild Cyber Security Professional: Vom ITler zum IT-Sicherheitsexperten

Was also tun? Die Lösung für uns: im Unternehmen selbst für entsprechende Kompetenz sorgen, Expertise aufbauen und Mitarbeiter bedarfsgerecht weiterbilden. Als globaler Konzern beschäftigt die Deutsche Telekom weit über 100.000 Mitarbeiter und knapp 9.000 Auszubildende, unter anderem IT-Fachkräfte auf deren Ausbildung wir großen Wert legen,– allerdings nicht zwangsläufig mit einem Security-Schwerpunkt. Hier gilt es, eine Brücke zu bauen: von der Ausbildung hin zur Expertentätigkeit. Die Herausforderung dabei: Ein Cyber-Security-Experte benötigt im Grunde zwei Berufsausbildungen – eine fundierte IT- oder netzwerktechnische Ausbildung und zusätzlich eine explizite Security-Ausbildung. Hier schaffen wir nun mit einer speziellen Security-Weiterbildung Abhilfe: einem Programm, das umfassend, strukturiert und strategisch Cyber-Sicherheit vermittelt.

Die Idee dazu entstand Mitte 2013 und lautete: Wir brauchen ein ganz neues Berufsbild – und ein Weiterbildungs-Curriculum, das IT-Experten zu IT-Sicherheits-Experten qualifiziert.

In Kooperation mit der Industrie- und Handelskammer zu Köln (IHK Köln) entwickelte die Telekom ein Weiterbildungsprogramm: Voraussetzung ist eine erfolgreich abgeschlossene IT-spezifische Berufsausbildung oder ein entsprechendes duales Studium. Nach zweieinhalb Jahren und dem erfolgreichen Abschluss dürfen die Teilnehmer den IHK-zertifizierten, bundesweit gültigen Titel "Cyber Security Professional" führen. Zusätzlich kooperiert das Programm mit dem Hochschulverband Open C3S (Open Competence Center for Cyber Security), der größten Aus- und Fortbildungsinitiative im deutschsprachigen Raum auf dem Gebiet der Cybersicherheit. Die künftigen IT-Security-Experten absolvieren dort im Rahmen ihrer Ausbildung entsprechende Kurse.

Auf die eigens für den Entwicklungsgang geschaffenen Arbeitsplätze im Bereich IT-Sicherheit gingen mehr als 230 Bewerbungen ein. Ende September 2014 startete das erste Entwicklungsprogramm.

8.2   Praxiseinsatz in allen Sicherheitsbereichen

Ein zentrales Element für die Weiterbildung zum Cyber Security Professional ist die Tätigkeit im konkreten Handlungsfeld selbst, also die praktische Arbeit in den Fachbereichen. Dazu gehören alle Abteilungen, die einen Bezug zur IT- und Netzwerk-Security haben und deshalb Mitarbeiter mit ausgeprägtem IT-Know-how benötigen – vom Cyber Defense Center über Abteilungen, die sich mit Applikationssicherheit, mit Sicherheit in Zugangsnetzen sowie Endgeräten beschäftigen, bis hin zur Missbrauchserkennung (Fraud Detection).

Entlang der täglichen fachlichen Anforderungen und in überwiegend projektbasierter Arbeit entwickeln die Teilnehmer ihre Kompetenzen dabei Schritt für Schritt. Dieser Prozess wird parallel durch modulare fachliche und überfachliche Weiterbildung unterstützt. Zudem vertiefen sie ihr Wissen in unterschiedlichen Formaten, vom Präsenzseminar über Online-Kurse bis hin zu E-Learning-Angeboten. Die so erworbenen Kenntnisse und Fähigkeiten können dann umgehend in Projekten am Arbeitsplatz angewandt und ausgebaut werden. Auf diese Weise verknüpft das Programm berufspraktische Anforderungen mit der gezielten Reflexion wissenschaftlich-akademischer Inhalte – und versetzt die neuen IT-Security-Experten damit in die Lage, Herausforderungen im Beruf mithilfe von Forschungserkenntnissen zu lösen.

Um die größtmögliche Qualität und Aktualität zu gewährleisten, kommt dem Erwerb von fachlichem Spezialwissen im Curriculum eine besondere Bedeutung zu. Damit dabei der Lernfortschritt gesichert ist, steht jedem Teilnehmer während der Ausbildung sowohl ein Fachcoach als auch ein Lernprozessbegleiter zur Seite. Der Fachcoach ist ein Mitarbeiter der entsprechenden Abteilung, in der der Absolvent arbeitet. Dieser übernimmt eine Art Mentorfunktion – und ist in der täglichen Arbeit bei Fragen und Problemen erster Ansprechpartner. Die Fach-Coaches dürfen keine Vorgesetzten sein, also keine Teamleiter oder Führungskräfte – um Hierarchiekonflikte von vornherein auszuschließen. Die Lernprozessbegleiter dagegen stehen bei allen übergreifenden Themen rund um das Programm zur Verfügung, zudem organisieren sie den Austausch und die Vernetzung innerhalb der Gruppe. Diesem Zweck dienen regelmäßige Präsenztermine und Workshops, bei denen die angehenden Cyber Security Professionals gemeinsam Themen bearbeiten und entwickeln. Verteilt auf den Programmzeitraum von zweieinhalb Jahren umfassen diese Veranstaltungen rund 40 Tage. Für die spätere Zulassung zur IHK-Prüfung müssen die Teilnehmer nachweisen, mindestens 80 Prozent der Präsenzeinheiten absolviert zu haben.

8.3 Cyber-Security-Fachwissen auch für Manager

Am Ende der Weiterbildung müssen die Teilnehmer das erworbene Fachwissen unter Beweis stellen, indem sie eine Projektaufgabe eigenständig bearbeiten und lösen. Wer diese Prüfung erfolgreich besteht, erhält die IHK-Zertifizierung als „Cyber Security Professional". Die so spezialisierten Fachkräfte können anschließend in allen relevanten Handlungsfeldern des Konzerns eingesetzt werden. Zusätzlich haben alle Teilnehmer die Möglichkeit, die im Programmablauf vorgesehenen Studienmodule mit einer Einzelprüfung abzuschließen – und erhalten damit sechs Hochschulzertifikate sowie die damit verbundene Anerkennung der Studienleistung im European Credit Transfer and Accumulation System oder kurz ECTS.

Das Programm der Cyber Security Professionals ist jedoch nur eine von zahlreichen Maßnahmen, mit denen die Deutsche Telekom dem Fachkräftemangel im Bereich der Sicherheit begegnet. Darüber hinaus durchlaufen alle Mitarbeiter regelmäßig Security-Trainings und werden sensibilisiert für das Thema mit vielfältigen Security-Awareness-Maßnahmen. Zusätzlich sind Module für Manager in Planung: In diesen soll es darum gehen, Führungskräften Fachwissen zu ausgewählten IT-Security-Schwerpunktthemen zu vermitteln. Und es ihnen so zu ermöglichen, im Arbeitsalltag fachkundig und schnell Entscheidungen zu sicherheitsrelevanten Aspekten zu treffen.

8.4 Fazit

Mangelnde IT-Sicherheit ist die Achillesferse unserer Gesellschaft. Durch die immer stärkere Vernetzung von Menschen und Maschinen über das Internet, wird auch Security immer wichtiger. Und darüber hinaus eine intensive Zusammenarbeit aller Beteiligten. Denn nur so können klare Verantwortungsbereiche definiert, ein besserer Schutz von Daten und Infrastruktur gewährleistet und mehr Transparenz geschaffen werden. Dabei gilt es, ein Verständnis für IT-Sicherheit aufzubauen und zu festigen – sowohl bei den Mitarbeitern im Konzern über alle Hierarchie-Ebenen hinweg wie auch bei den Kunden. Cyber-Security darf nicht weiter als lästiges Thema verstanden, sondern muss als enorm wichtiger Aspekt des täglichen Lebens vermittelt werden – bis jedem die enorme Bedeutung bewusst ist, die der IT-Sicherheit mittlerweile zukommt. Dabei muss Security jedoch einfach und leicht zu beziehen und zu bedienen sein – sonst wird sie nicht genutzt.

Das große Interesse von Organisationen und Unternehmen außerhalb des Konzerns an unserem Programm bestätigt die hohe Relevanz des Themas in der gesamten Branche. So wird aktuell mit Branchenverbänden und dem Bundesinstitut für Berufsbildung – dem anerkannten Kompetenzzentrum zur Erforschung und Weiterentwicklung der beruflichen Aus- und Weiterbildung in Deutschland – erörtert, wie sich spezielle IT-Security-Inhalte in bestehende Ausbildungsberufe integrieren ließen. Und wie es gelingen könnte, ein eigenes Berufsbild wie beispielsweise den „Fachinformatiker IT-Sicherheit" zu etablieren.

All dies zeigt, wie sehr ein Nerv der Branche getroffen wurde. Die größte Herausforderung für die Zukunft besteht nun darin, sich nicht auf den Erfolgen auszuruhen, sondern das Programm kontinuierlich auszubauen. Wie anfangs beschrieben, entscheiden im Bereich der (Cyber-)Sicherheit oft wenige Stunden, Minuten oder sogar Sekunden, ob ein Angriff abgewendet wird oder Schaden anrichtet – und täglich kommen neue und noch nie da gewesene Bedrohungen dazu. Eine der Hauptaufgaben der Zukunft besteht also darin, die Inhalte des zweieinhalbjährigen Programms ständig zu überprüfen und – möglicherweise sogar während der laufenden Weiterbildung – an aktuelle Bedrohungslagen anzupassen.

Literatur

Telekom (2015): Cyber Security Report 2015. https://www.telekom.com/static/-/293656/2/Cyber-Security-Report-2015-si. Abgerufen am 28.07.2016.

Autor

Dr. Rüdiger Peusquens leitet den Bereich Cyber Defense & Situation Management der Deutschen Telekom AG. Nach der Promotion in Kernphysik begann Peusquens seine Karriere als Consultant für IT-Sicherheit beim Debis Systemhaus. In dieser Zeit baute er einen Schwachstellenmeldedienst auf und betrieb im Rahmen von Penetrationstests White Hat Hacking im Kundenauftrag.

Mit der Übernahme des Debis Systemhauses durch T-Systems kam Peusquens zur Deutschen Telekom AG und nutzte nach sechsjähriger Beratertätigkeit die Gelegenheit, seine Erfahrungen in die Konzernsicherheit einzubringen. Er übernahm den Aufbau des internen Pentesting-Teams zur Qualitätssicherung der technischen Sicherheit. Zuletzt wechselte Peusquens zur Erkennung und Abwehr von Angriffen. Sein jetziges Aufgabengebiet vereint die reaktiven Kräfte der Cyber Security und Business Security mit dem Fokus, Sicherheitsvorfälle bei der Deutschen Telekom AG und bei Kunden frühzeitig zu erkennen und schnell zu bekämpfen.

Menschliche Faktoren in der IT-Sicherheit

Linus Neumann

Stellen Sie sich vor, Sie stehen als Hacker plötzlich vor einer technisch nicht lösbaren Herausforderung: Der E-Mail-Server Ihrer Zielperson ist gut konfiguriert, die öffentlich bekannten Schwachstellen wurden alle beseitigt und eine noch unbekannte Sicherheitslücke ist nicht erhältlich oder viel zu teuer. Geben Sie auf? Nein, Sie fragen einfach nach dem Passwort.

Einer der am weitesten verbreiteten Mythen über Hacking-Angriffe ist, dass sie hauptsächlich technischer Natur seien. Angreifer müssen auch nicht über außergewöhnliche Fähigkeiten und Geheimnisse verfügen. In der freien Wildbahn ist oft das Gegenteil der Fall: Kriminelle brauchen, wenn überhaupt, nur rudimentäre technische Kenntnisse, um sich erfolgreich Zugriff zu verschaffen. Den Großteil erledigen Hacking-Tools „von der Stange", die entweder als Open-Source-Software oder in versteckten Online-Märkten erhältlich sind. Die unbequeme Wahrheit ist: Sie – ja, Sie – sind unsicherer als Ihr Computer. Und kein Angreifer macht sich seine Arbeit schwerer als unbedingt nötig.

9.1 IT-Sicherheit ist oft nicht für Menschen geschaffen

Wir Menschen wissen meist wenig über die inneren Abläufe von Computern. Die Gesamtheit ihrer Komplexität ist für Einzelne kaum noch vollständig zu erfassen. Ebenso schwierig ist es für uns, alle sicherheitsrelevanten Bereiche ihrer Funktionalität zu verstehen. Oft scheitert unser Verständnis jedoch schon an sehr viel einfacheren Konzepten: IT-Sicherheit funktioniert nicht so, wie wir sie uns intuitiv vorstellen. Sie setzt Annahmen voraus, die wir Menschen realistisch oft nicht erfüllen können.

9.1.1 Die Sache mit den Passwörtern

Wir alle kennen die Situation: Für den Firmen-Account muss ein neues Passwort her. Mehr als acht Zeichen soll es lang sein. Aus Buchstaben, Zahlen und Sonderzeichen soll es bestehen. Nirgendwo sollen wir es aufschreiben. Und schon in drei Monaten müssen wir es wieder ändern. Wie ärgerlich, dass wir nicht einfach unser Standardpasswort verwenden können: Das, das wir seit Jahren für jeden Account nutzen, den wir irgendwo eröffnen. Für das private E-Mail-Konto, für Facebook und im kleinen Online-Shop, der im letzten Sommer diese schicken Schuhe im Sonderangebot hatte. Wie praktisch es ist, überall mit dem gleichen einfachen Schlüssel reinzukommen.

Klar, immer wieder werden wir ermahnt, überall ein anderes Passwort zu verwenden. Aber wer soll sich die denn alle merken? Außerdem: Wer soll schon unser Passwort erraten? Immerhin haben wir das A im Namen unseres Lebenspartners ja durch eine 4 ersetzt. Darauf muss man ja erst einmal kommen!

Dabei lassen wir außer Acht, dass jede einzelne Webseite, der wir unser Passwort nennen, dieses potenziell kennt. Und ob es dort sicher aufbewahrt wird, steht meist in den Sternen.

In der Tat ist die Wiederverwendung ein und desselben Passworts bei unterschiedlichen Anbietern eines der größten IT-Risiken, denen wir Menschen uns regelmäßig aussetzen. Ein einziger Einbruch, eine einzige Lücke bei einem der vielen Anbieter reicht dann aus, damit Angreifer alle unsere Accounts übernehmen können.

Aber wie sollen wir uns die ganzen unterschiedlichen Passwörter merken? Dafür scheinen wir Menschen einfach nicht gemacht zu sein. Insbesondere nicht, wenn die Passwörter alle absolut „zufällig" (also kryptisch) und lang sein müssen. Ohnehin: Was soll das Ganze überhaupt? „Mindestens acht Zeichen" – warum reichen nicht auch sechs?

Der exponentielle Zusammenhang erschließt sich uns nicht intuitiv, weil wir uns nicht vorstellen können, wie Computer Passwörter „knacken" – nämlich durch simples (oder manchmal auch klügeres) Raten. Sie beginnen mit A und hören mit ZZZZZZZ auf – wenn sie jemals dort ankommen. Denn während bei sechs Zeichen Länge alle Kombinationen binnen weniger Stunden ausprobiert werden können, benötigen acht Zeichen schon Monate und neun Zeichen sogar Jahre an Rechenleistung heutiger Computer. Für uns Menschen ist beides schwer vorstellbar. Einerseits, wie schnell der Computer Kombinationen ausprobieren kann: Auf das Passwortknacken optimierte Systeme erreichen gern mehrere Millionen oder gar Milliarden Versuche pro Sekunde.[1] Andererseits, wie lange es dennoch dauern kann, ein paar wenige Buchstaben, Zahlen und Sonderzeichen auf diesem Wege zu erraten.

Doch es sind diese mathematischen Prinzipien, auf denen unser Schutz durch Passwörter basiert – und es ist unser Streben nach Bedienbarkeit, das uns immer wieder dazu verleitet, sie zu unterwandern. Denn eigentlich ist das Konzept „Passwort" perfekt: Nur wenige Bytes an Information reichen aus, um einen Zugang vernünftig zu sichern. Aber wir haben zu viele Zugänge, um uns für jeden ein anderes Passwort merken zu können. Deswegen greifen wir zu einfachen oder gängigen Passwörtern wie „Passwort123" und machen es Angreifern auf diese Weise einfach, in technisch sichere Systeme einzudringen.

---

[1] Die tatsächliche Geschwindigkeit, mit der Passwörter geknackt werden können, hängt davon ab, ob dies aus der Ferne, also mit signifikanter Verlangsamung, oder lokal stattfindet. Ebenso spielt die technische Ausgestaltung der sicheren Aufbewahrung, des Hashing-Algorithmus, eine Rolle.

IT-Sicherheit und Benutzbarkeit zu vereinen scheitert also schon an simplen, alltäglichen Anforderungen, wie dieses einleitende Beispiel verdeutlicht.

9.1.2 „Falsche" IT-Sicherheit ist der Gegner unserer Produktivität

Wenn Sie Mitarbeiter größerer Unternehmen fragen, was sie als die größte Bremse ihrer Produktivität wahrnehmen, erhalten Sie nicht selten „Die IT!" als Antwort. Dateien können nicht einfach und schnell ausgetauscht werden, weil USB-Sticks verboten sind und vom Rechner nicht erkannt werden. Um im Hotel seine E-Mails zu lesen, muss erst eine umständliche VPN-Verbindung hergestellt werden. Und auf den schicken neuen Tablets lässt sich der Firmen-Account gar nicht erst konfigurieren.

Für all diese Einschränkungen gibt es gute Gründe – doch sie alle haben gemeinsam, dass sie die Nutzer im Alltag öfter behindern als sie tatsächlich zu schützen. Das ist in zweierlei Hinsicht fatal: Zufriedenheit sowie Vertrauen in die IT sinken, und Nutzer suchen nach Wegen, die Einschränkungen zu umgehen. Statt auf den gesicherten Firmenlaptops werden Aufgaben auf Privatgeräten verrichtet, die problemlos mit USB-Sticks umgehen können. Wichtige E-Mails werden kurzerhand an das private Hotmail-Konto weitergeleitet, damit sie während eines Flugs komfortabel am Tablet gelesen werden können.

Den Verantwortlichen für IT-Sicherheit bereitet dies schlaflose Nächte, denn ihre Nutzer entziehen sich so vollständig der externen Kontrolle. Oft reagieren sie mit noch stärkeren Einschränkungen, Ermahnungen und Verboten – und bringen so ihre Nutzer noch mehr gegen sich auf. Das Ergebnis ist ein noch geringeres Niveau an IT-Sicherheit, als es ohne die Einschränkungen hätte erreicht werden können.

Was die Verantwortlichen für IT-Sicherheit nämlich regelmäßig außer Acht lassen, ist, dass ihre Kolleginnen und Kollegen durchaus Aufgaben zu erledigen haben und dies gern effizient mithilfe der bereitgestellten IT tun würden. Einschränkungen – erst recht solche, die nicht nachvollziehbar scheinen – sind dabei das Letzte, was sie brauchen.

Damit wären wir beim zweiten fundamentalen Problem der IT-Sicherheit: Ein Rechner kann Dinge ganz oder gar nicht. Aber er ist nicht in der Lage, zwischen guter und schlechter Handlung zu unterscheiden: Ein Nutzer darf entweder Dateien öffnen, kopieren oder gar überschreiben oder er darf es nicht. Wenn der Anwender etwas grundsätzlich darf, kann dieses Privileg früher oder später während eines Angriffs ausgenutzt werden. Darf der Nutzer etwas nicht, dann wird er es als unnötige Behinderung wahrnehmen und versuchen, die vermeintliche Beschränkung zu umgehen.

9.2 Social Engineering

Dass der Mensch oft das schwächste Glied in der Kette der IT-Sicherheit ist, wissen auch die Angreifer. Während sie etliche Mannstunden in das Entdecken und Ausnutzen neuer Sicherheitslücken investieren müssten – ohne dabei die Gewissheit zu haben, auch tatsächlich fündig zu werden –, können sie sich bei Menschen sicher sein, eine Reihe an Schwachstellen vorzufinden, für deren Ausnutzung allenfalls ein wenig Kreativität vonnöten ist.

Hinzu kommt, dass die Organisationen und Unternehmen, die sich gegen die Angriffe schützen möchten, oft über massive Ressourcen zum Schutz der IT verfügen, ihre Investitionen in die „Härtung" der Mitarbeiter gegen Angriffe jedoch in keinem Verhältnis dazu stehen, wie die Abbildung 9.1 illustriert.

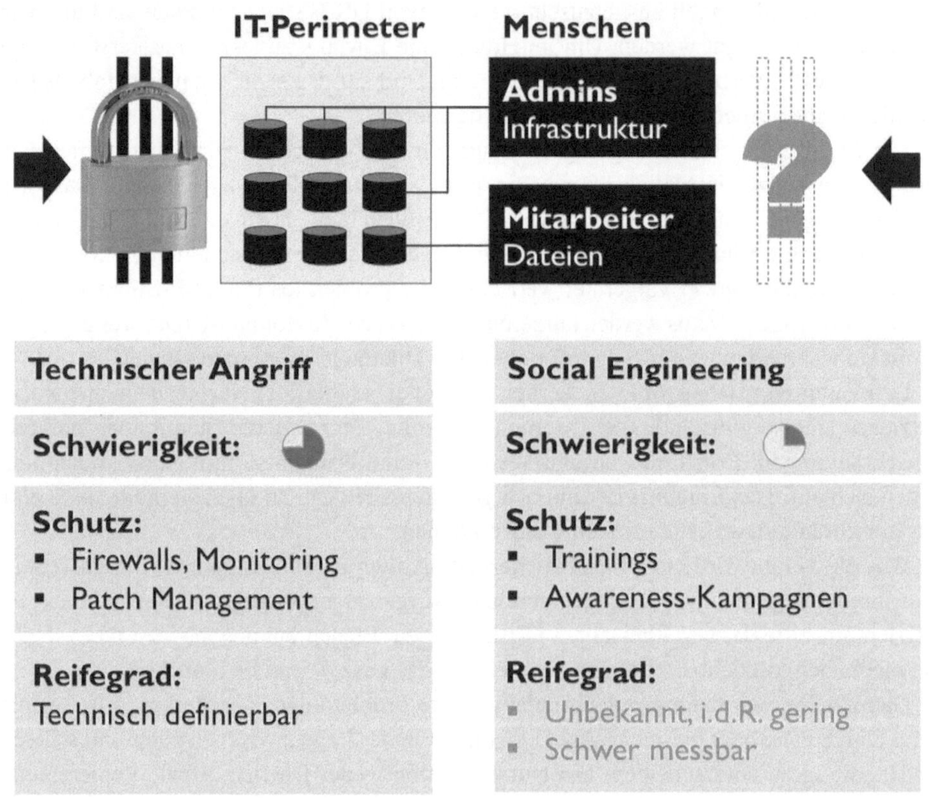

Abb. 9.1   Die IT ist oft sehr viel besser geschützt als der sie bedienende Mensch.

Der typische Angriff lässt sich in fünf Phasen gliedern, die in Abbildung 9.2 zusammengefasst sind. Ohne Schwachstelle ist kein Angriff möglich. Für die Schwachstelle brauchen wir noch einen „Exploit", also eine Methode, mit der das Zielsystem in unserem Sinne manipuliert wird. Die eigentliche Manipulation geschieht durch die „Payload", die sich zum Beispiel im Falle eines Trojanischen Pferdes auch mittels Infektion dauerhaft auf dem System einnisten kann. Schließlich haben wir die Zugriffsrechte erlangt, jenen Angriff durchzuführen, auf den es uns eigentlich ankommt.

Vulnerability	Exploit	Payload	Infection	Attack
Technische oder menschliche *Schwachstelle* in Software, System, oder Organisation	*Möglichkeit, die Schwachstelle auszunutzen,* um Kontrolle über das System zu erlangen	*Schadprogramm oder Schadcode,* oft Virus oder Trojaner, oder direkte Daten-Extraktion	Oft: Dauerhafte Veränderung des Zielsystems, um langfristigen Zugang darauf zu sichern	Beeinträchtigung der Vertraulichkeit, Verfügbarkeit, oder Integrität des Systems

Abb. 9.2 Phasen eines typischen Angriffs

Menschliche Faktoren spielen insbesondere in der ersten Phase eine Rolle: Oft verfügen Angreifer schlichtweg nicht über die Möglichkeit, eine Trojaner-Infektion komplett automatisiert per „drive-by" anzubringen. Sie sind darauf angewiesen, dass ihr Opfer die Datei selbst öffnet und ausführt. Gleiches gilt für Passwörter: Angreifern fehlt meist die Möglichkeit, ein Kennwort aus der Ferne zu knacken. Sie sind darauf angewiesen, dass ihr Opfer es ihnen freiwillig verrät. Aber wie?

9.3 Menschliche „Schwachstellen" sind oft soziale Normen oder simple Instinkte

Viele der menschlichen Schwachstellen sind in anderen Situationen unsere Stärken: Es sind die Fundamente unseres sozialen Miteinanders, wie zum Beispiel Hilfsbereitschaft und Freundlichkeit oder unsere Fähigkeit, Probleme zu lösen, wie zum Beispiel Neugierde. Angreifer nutzen sie regelmäßig aus, um uns selbst dazu zu bringen, unsere Computer zu infizieren oder unsere Passwörter zu verraten.

9.3.1 Könnten Sie bitte diese Malware auf Ihrem Rechner installieren?

Anfang 2016 erhielten viele Menschen in Deutschland eine oder mehrere E-Mails von ihnen meist unbekannten Unternehmen, die eine unbezahlte Rechnung anmahnten. Details, so wurde erklärt, fände man in der angehängten Word-Datei. „Das kann doch gar nicht sein", dachten sich die Empfänger, „das muss ich mir wohl einmal genauer anschauen." Beim Öffnen der Datei sahen sie dann in der Regel ein leeres Dokument sowie den Warnhinweis von Microsoft Word, dass das Dokument „aktive Inhalte" habe, die momentan deaktiviert seien. Zur Behebung mögen die Nutzer doch bitte auf die Schaltfläche „Inhalte aktivieren" klicken – eine Empfehlung, die naheliegend klingt, wenn man ein leeres Blatt vor sich sieht.

Wer der Anweisung Folge leistete, konnte sich danach zu den vielen Opfern des Crypto-Trojaners „Locky" zählen: Die „aktiven Inhalte" waren ein in die Word-Datei eingebettetes Makro, das die Erpresser-Software aus dem Internet auf den Rechner lud und ausführte. Eine Lösegeldforderung von umgerechnet ca. 250 Euro zur Wiederherstellung der zerstörten Dateien war die Folge.

Wie in Abbildung 9.2 dargestellt, sehen wir hier die klare Teilung der Angriffsphasen: Die Schwachstelle ist der Mensch. Er liest seine Nachrichten gutgläubig und öffnet, was ihn interessiert. Das Ausnutzen dieser Schwachstelle geschieht durch die Cover-Story: Der Mensch kann der Neugier und der Sorge über die scheinbar ungerechtfertigte Mahnung nicht widerstehen. Er setzt sogar die technischen Schutzmaßnahmen gegen das Ausführen der aktiven Inhalte manuell außer Kraft, indem er auf „Inhalte anzeigen" klickt. So lädt er sich selbst den Crypto-Trojaner, die Payload, herunter – und führt diese aus.

Aus streng technischer Perspektive wurde dabei keine einzige technische Schwachstelle ausgenutzt – die Angreifer setzten einzig auf die Gutgläubigkeit ihrer Opfer. Es dauerte nicht lange, bis so eine beachtliche Anzahl an Infektionen erreicht wurde. Nicht nur in der Fachpresse war „Locky" in aller Munde. Die Angreifer mussten sich eine neue Masche ausdenken: Sie versandten E-Mails mit dem Betreff „Offizielle Warnung vor Computervirus Locky" (vgl. Abb. 9.3), in denen sie die Adressaten baten, die mitgeschickten Warnhinweise zu beachten. Und beim Öffnen des Anhangs erlebte man dann eine böse Überraschung.

Abb. 9.3   Phishing-Mail mit angeblicher Warnung des BKA

Eine andere Variante, um arglose Opfer zum Ausführen von Schadsoftware zu bringen, ist das absichtliche „Verlieren" von USB-Sticks: Auf dem Stick befinden sich ein paar – dem Dateinamen nach zu urteilen – „vertrauliche" Daten sowie eine gut sichtbar platzierte Datei mit dem Namen „An den ehrlichen Finder". In Wahrheit sind alle Dateien mit Malware versehen, die sowohl die Systeme neugieriger wie auch ehrlicher Finder attackieren.

Mit Materialkosten von wenigen Euro für einen Stick, der irgendwo auf den Firmenparkplatz geworfen wird, lassen sich so erstaunliche Hacking-Erfolge erzielen.

9.3.2   Entschuldigung, wie lautet denn Ihr Passwort?

Der Heilige Gral der fernvermittelten Spionage und der Sabotage ist auch heute noch das E-Mail-Passwort, denn hier laufen alle Fäden zusammen. Die geschäftliche Kommunikation lässt sich haargenau nachverfolgen, der Angreifer kann sich gegenüber Dritten als sein Opfer ausgeben, und zu guter Letzt lassen sich so gut wie alle anderen Account-Passwörter per E-Mail zurücksetzen. So erlangt der Angreifer potenziell Zugriff auf Facebook-, Paypal- oder Unternehmenskonten. Und das Gefährlichste daran: Für den Zugriff braucht der Angreifer noch nicht einmal eine Schadsoftware, die von einem Virenscanner entdeckt werden könnte.

Viele E-Mail-Server – insbesondere die in Unternehmen – sperren jedoch nach nur wenigen Fehlversuchen die Zugänge und erfordern eine erneute persönliche Authentifizierung. Der Angreifer kann es sich also nicht erlauben, oft zu raten – er muss sein Opfer dazu bringen, sein Passwort freiwillig zu verraten.

Eine beliebte Methode ist es, den in Unternehmen üblicherweise regelmäßig stattfindenden Prozess zur Passwortänderung durchzuspielen. Das Opfer erhält eine E-Mail, in der es aufgefordert wird, sein Kennwort zu erneuern. Andernfalls werde der Zugang in wenigen Tagen deaktiviert. Ein Link zum sofortigen Umsetzen der Anforderung wird direkt mitgeliefert. Klickt das Opfer diesen an, so sieht es die erwartete und gewohnte Log-in-Seite – und nach dem erfolgten Anmelden auch die Maske zum Ändern des Kennworts.

Was das Opfer nicht gemerkt hat: Die verlinkte Log-in-Seite und die Eingabemaske zum Ändern des Passworts sind nahezu perfekte Fälschungen, die der Angreifer angelegt hat. Dazu braucht er wenig mehr zu tun, als die Originalseite zu speichern und mit ein paar zusätzlichen Funktionen auszustatten. Das alte Kennwort wird entgegengenommen und gespeichert. Das neue Passwort wird ebenfalls gespeichert und automatisch auf dem echten Server geändert. Für seine Fälschung besorgt der Angreifer sich noch eine Adresse, die der echten Domain täuschend ähnlich sieht.

Aus https://mail.linus-neumann.de könnte durch das Ersetzen des Buchstabens L durch die Zahl 1 das täuschend echte https://mail.1inus-neumann.de werden. Gern werden auch Buchstaben am Ende des Domainnamens vertauscht (https://mail.linus-neumnan.de) oder ausgelassen: Menschliche Gehirne lesen Worte ohnehin nicht genau zu Ende, wenn sie ihre Bedeutung „erfasst" haben. Daher ist es sehr unwahrscheinlich, dass dem Opfer der Unterschied auffällt.

Nach dem kurzen Besuch seines Opfers hat der Angreifer sowohl die alten als auch die neuen Zugangsdaten. Zudem ist ersichtlich, ob das Opfer ein besonderes Muster beim Ändern des Passworts verwendet, zum Beispiel nur einen Buchstaben ändert oder eine Zahl inkrementiert. Dieses Wissen mindert die Sorge des Angreifers vor dem nächsten Passwortwechsel seines Opfers. Als Nächstes wird der Angreifer in Ruhe alle E-Mails des Opfers herunterladen und sie durchforsten, um sich die nächsten Schritte zu überlegen.

Wenn es Ihnen so geht wie mir, dann erhalten Sie täglich derartige Mails im hohen zweistelligen Bereich. Oft sind sie in schlechtem Deutsch formuliert und werden ohnehin vom Spam-Filter aussortiert. Doch es reicht eine einzige Sekunde der Unaufmerksamkeit und ein einziger Angreifer, der sein Handwerk gut versteht.

Hier trennt sich die Spreu vom Weizen beziehungsweise das auf Massenversand angelegte Phishing vom gezielten Spear-Phishing. Während beim Ersteren Hunderttausende E-Mails wahllos versandt werden, was daher auch schnell die Spam-Filter auf den Plan ruft, werden beim Letzteren Einzelpersonen gezielt angeschrieben. Sie werden in der E-Mail mit Namen angesprochen und erhalten fehlerfreie Anweisungen in der erwarteten Sprache. Eine vertraute Fußzeile mit Firmenlogo und Rückrufnummer tut ihr Übriges, um das Opfer von der Legitimität der Aufforderung zu überzeugen. Und der Spam-Filter? Nimmt eine einzelne E-Mail nicht als Grund zur Beunruhigung – er ist darauf trainiert, massenhaftes Aufkommen zu erkennen und zu unterbinden. So findet der Spear-Phishing-Angriff völlig unter dem Radar statt.

So geschehen in einem deutschen Stahlwerk: Wie das BSI in seinem Lagebericht 2014 zusammenfasst, sandten die Angreifer zunächst Spear-Phishing-Mails, um einen Fuß in die Tür zu bekommen (vgl. BSI 2014). Sukzessive bauten sie dann ihren Zugriff auf verschiedene Steuerungskomponenten aus und sorgten wiederholt für Ausfälle. Schließlich brachten sie einen Hochofen in einen undefinierten Zustand, der in einer massiven Beschädigung der Anlage resultierte.

9.4   Können Sie mir bitte ein paar Millionen Euro überweisen?

Angreifer haben in der Regel ein Ziel: Geld verdienen. Das können sie auf verschiedenen Wegen, etwa wenn sie selbst von einem Angriff profitieren oder Dritte sie für die Attacke entlohnen. Aber warum sollte man es sich überhaupt so schwer machen? Man kann doch auch einfach freundlich um eine großzügige Überweisung bitten.

Der Chef ist außer Haus – ein wichtiger Termin bei Geschäftspartnern. Es verspricht, ein ruhiger Bürotag zu werden. Doch eine hektische E-Mail lässt Unruhe aufkommen. Der Deal droht zu platzen, weil eine wichtige Überweisung nicht erfolgt ist. Der Geschäftsführer ist ungehalten und macht seinem Mitarbeiter Druck: „Bitte überweisen Sie sofort den Betrag. Wenn das Geld morgen nicht eingegangen ist, war alles umsonst. Wie konnte das nur geschehen?"

Der Betrag? Eine sechs- oder siebenstellige Summe, zahlbar auf ein Offshore-Konto, Business-Alltag bei großen Geschäftspartnern. Mit einer Mischung aus schlechtem Gewissen und Empörung macht sich der Assistent an die Arbeit. Hatte der Chef diese Überweisung nie erwähnt oder ist sie wirklich in der Buchhaltung untergegangen? Egal, jetzt heißt es handeln. In wenigen Minuten ist die Überweisung erledigt. Ein kurzer Klick auf „Antworten" und der Chef bedankt sich freundlich: „Gerade noch rechtzeitig, vielen Dank."

Als der Chef einige Tage später von der Dienstreise zurückkommt, bedankt sich der Mitarbeiter noch einmal freundlich und fragt, ob alles gut gegangen ist. „Aber natürlich, was hätte denn schiefgehen können?"

Langsam begreift der Mitarbeiter. Die vermeintliche E-Mail des Geschäftsführers war eine gut gemachte Fälschung – und das Geld ist zu diesem Zeitpunkt längst auf undurchsichtigem Wege vom Offshore-Konto weg in alle Welt transferiert worden.

Diese Angriffsmasche, bekannt als „Fake President Fraud" setzt ganz auf die Psyche der Zielpersonen. Es wird an die allgemeinen Werte des Berufslebens appelliert: Autorität, Tempo, Vertrauen und oft auch Verschwiegenheit. In Varianten dieser Methode geht es um geheime Deals, die noch nicht öffentlich sein dürfen. Der angeschriebene Mitarbeiter ist einer der wenigen, die ins Vertrauen gezogen werden – und möge bitte Stillschweigen bewahren.

Diese Fälle, die öfter vorkommen, als man auf Anhieb erwarten würde, enden nicht selten mit der Entlassung des Mitarbeiters und mit Unternehmen, die in der Tat auf den Schäden sitzen bleiben.

9.5 Schutzmaßnahmen

Schon der Bereich der technischen IT-Sicherheit lässt sich für Organisationen nie abschließend behandeln: Täglich werden neue Schwachstellen entdeckt, die beseitigt werden müssen. Die technische IT-Sicherheit hat jedoch einen Vorteil: Eine Schwachstelle, die einmal beseitigt ist, kommt so schnell nicht wieder.

Das ist bei der menschlichen IT-Sicherheit nicht der Fall: Eine einmalige „Immunisierung" zeigt oft nur einen spezifischen und zeitlich begrenzten Effekt. Schon leicht variierten Angriffsmustern fallen Menschen mit höherer Wahrscheinlichkeit zum Opfer und die Wahrscheinlichkeit hierfür steigt mit der Zeit immer wieder kontinuierlich an.

Viele Organisationen versuchen, durch regelmäßige Massen-E-Mails vor dem Risiko derartiger Angriffe zu warnen. In der Praxis ist der davon erhoffte Lerneffekt jedoch kaum messbar und liegt weit unter der Schwelle für praktische Relevanz.

Zur Härtung einer Organisation gegen Social-Engineering-Angriffe empfehlen sich daher kontinuierliche Programme, bei denen regelmäßig nicht nur über die Methoden der Angreifer aufgeklärt wird, sondern diese auch in Probeangriffen zur Anwendung kommen: Die Nutzer werden selbst zum Ziel eines Angriffs. Fallen sie auf die Masche herein, erhalten sie eine umgehende Warnung und Belehrung.

Die Probeangriffe sollten sich über die Vielfältigkeit erstrecken, derer die Angreifer sich bedienen. Gleichzeitig sollten die Kampagnen als Gelegenheit genutzt werden, das Vertrauensverhältnis zwischen IT-Abteilung, IT-Security und Mitarbeitern auszubauen: Vorwürfe und plumpe Belehrungen tragen nicht dazu bei, die Bereitschaft der Mitarbeiter zu erhöhen, aktiv den Kontakt zu suchen, wenn sie ein Verdachtsmoment haben.

Da die meisten Angriffe per E-Mail stattfinden und Probeangriffe im Bereich des Phishings sehr gut skalieren, werden die Prinzipien im Folgenden am Beispiel einer Phishing-Kampagne erläutert. Durch die regelmäßige Wiederholung unterschiedlicher Angriffe lässt sich der Erfolg der Maßnahmen im Hinblick auf die beiden Lernziele evaluieren: Geht die Anzahl erfolgreicher Angriffe zurück? Werden Angriffsversuche schneller und häufiger gemeldet?

9.5.1 Social Engineering erkennen

Ein technisches Erkennen von Social-Engineering-Angriffen ist aufgrund ihrer Diversität kaum möglich. Zu unterschiedlich sind die Cover-Storys, zu ähnlich sind die Szenarien in ganz alltäglichen Situationen. Und doch haben sie oft eine Gemeinsamkeit, die wir mit geschultem Blick erkennen können: Social-Engineering-Angriffe setzen in der Regel kleine Hinweisreize, die uns in einen handlungsorientierten Modus versetzen, ohne dass wir lange nachdenken. Dies kann auf zwei Wegen erreicht werden: durch Langeweile oder Aufregung.

So können alltägliche, gewohnte Situationen ausgenutzt werden, über die wir nicht viel nachdenken: Das freundliche Aufhalten der Tür für die hinter uns herbeieilende Person, das Wegklicken eines häufig auftauchenden Warnhinweises oder – wie oben beschrieben – das regelmäßige Ändern unseres Passwortes sind klassische Beispiele.

In Aufregung versetzt sind wir ähnlich unachtsam: Eine Aufgabe muss schnell erledigt werden, um Schlimmeres zu verhindern. Klassische Beispiele sind die Software, die ein angebliches Virus von unserem Computer entfernen soll, der Geldbetrag, der schleunigst überwiesen werden soll, oder die ungerechtfertigte Mahnung, die wir zurückweisen wollen.

Sowohl in der Aufregung als auch in der Langeweile machen wir uns keine Gedanken darüber, ob die Aufforderung überhaupt glaubwürdig und sinnvoll ist. Ziel einer Immunisierung gegen Social Engineering ist also ein gesundes Maß an Misstrauen. Leider darf dieses Misstrauen nur so groß werden, dass es die tägliche Zusammenarbeit nicht über die Maßen einschränkt.

Diese Mechanismen können den Nutzern gut am konkreten Beispiel aufgezeigt werden: Nach erfolgtem Log-in auf der Phishing-Seite ist der beste Zeitpunkt, das eben Geschehene noch einmal zu reflektieren. Die Nutzer können auf übersehene Verdachtshinweise aufmerksam gemacht und mit Tipps für die Zukunft versorgt werden. Das hierbei zum Einsatz kommende Lehrmaterial sollte eingängig und ansprechend gestaltet werden. Besonders gute Lerneffekte zeigen sich bei eigens produzierten Videosequenzen von maximal zwei bis drei Minuten Dauer.

9.5.2 Lernziel: Verdächtige Vorgänge melden

Zur soliden organisatorischen Verteidigung gehört es, dass Zielpersonen eines Phishing- oder Spear-Phishing-Angriffs die verdächtige Nachricht umgehend an die verantwortliche Stelle, in der Regel also die Abteilung für IT oder IT-Security, melden. Eine geeignete Gegenmaßnahme sollte dann nicht lange auf sich warten lassen.

Beim Beispiel einer Phishing-Mail könnte die Reaktion folgendermaßen aussehen:

1. Der Zugang zum Phishing-Server, der die gefälschte Log-in-Seite vorhält, wird temporär im internen Netz blockiert. Wenn es die Struktur der Organisation erlaubt, kann es auch ratsam sein, den Zugriff von externen IP-Adressen auf den fraglichen Mail-Server temporär zu unterbinden.
2. Ein Warnhinweis an alle Nutzer bittet um umgehende Meldung, falls der Link angeklickt wurde.
3. Betroffene Nutzer erhalten ein ausführliches Debriefing, in dem ihnen der Ablauf und das Risiko des Angriffs erklärt werden.
4. In enger Absprache mit dem Betriebsrat ist es unter Umständen möglich, die Zielpersonen der Kampagne in den Logs des Mail-Servers zu identifizieren. Dies erleichtert einerseits das gezielte Ansprechen dieser Personen, um sie vor weiteren Angriffsversuchen zu warnen, und ermöglicht andererseits Rückschlüsse auf die Motivation des Angreifers.
5. Ein Password Reset ist für alle Zielpersonen, im Zweifelsfall für die gesamte Organisation, geboten. Dabei sollte sichergestellt werden, dass nur erneut authentifizierte Nutzer den Reset durchführen können. Empfehlenswert ist es, betroffene Accounts einzufrieren, bis ein Passwortwechsel erfolgt ist. Dieser sollte ausschließlich aus dem internen Netz möglich sein.

Die IT sollte auf entsprechende Maßnahmen vorbereitet sein, um im Angriffsfall zügig und besonnen reagieren zu können. Gleichzeitig müssen Ansprechpartner mit einem erhöhten Aufkommen an Fehlalarmen rechnen, wenn mittels Aufklärungskampagnen die Meldebereitschaft der Mitarbeiter gefördert wird. Eine freundliche und motivierende Reaktion hilft dabei, die Meldebereitschaft nicht wieder sinken zu lassen. „Lieber einmal zu viel gemeldet als einmal zu wenig" muss die Devise lauten.

Im Rahmen eines Probeangriffs sollte die Melderate genau ausgewertet werden. Wie viele Nutzer sind dem Angriff zum Opfer gefallen, bevor er an die IT gemeldet wurde? Die Erfahrung zeigt auch, dass es durchaus sinnvoll ist, darauf zu achten, ob jene Mitarbeiter, die die verdächtigen Vorgänge melden, nicht vorher selbst Opfer waren und somit das Lehrmaterial mit der Aufforderung zur Meldung gesehen haben. Da dieser Versuch, den eigenen Fehler unter den Tisch zu kehren, die Auswertung verzerrt, sollte eine solche Meldung nicht als Erfolg gezählt werden.

9.5.3 Übung macht den Meister

Wenn eine Organisation erstmalig ihre Anfälligkeit für Social Engineering systematisch erfasst, sind die Ergebnisse oft alarmierend. Während die Anfälligkeit der Mitarbeiter für Phishing in der Regel im hohen einstelligen Bereich liegt, können mittels Spear-Phishing Erfolgsquoten im mittleren bis hohen zweistelligen Bereich erzielt werden. Bei den verbleibenden Zielpersonen ist davon auszugehen, dass sie die Nachricht einfach ignoriert oder vergessen haben – denn eine Meldung der verdächtigen Nachricht erfolgt nur in äußerst seltenen Fällen.

Doch damit nicht genug: Bei derartigen Assessments kommt es regelmäßig vor, dass die Mitarbeiter den Angriff nicht nur nicht bemerken, sondern ihn sogar zum Anlass nehmen, eine kollegiale Beziehung zum Angreifer aufzubauen. So erhalten die Absender-Adressen im Rahmen derartiger Überprüfungen regelmäßig noch Monate später Supportanfragen von Mitarbeitern der Zielorganisation. Drucker drucken nicht, Anhänge sind zu groß, um sie per E-Mail zu verschicken, neue Mitarbeiter benötigen Zugriff auf bestimmte Accounts – die Belange, mit denen sich Mitarbeiter an die vermeintliche Unternehmens-IT wenden, sind mannigfach. Sie bieten natürlich jeweils auch eine Möglichkeit zur (erneuten) Kompromittierung.

9.6   Fazit: IT muss für und nicht gegen die Nutzer arbeiten

Social-Engineering-Angriffe sind nicht nur ein großes Einfallstor zur Infiltration eines Unternehmens, sondern auch ein weiteres langes Kapitel im Kampf zwischen IT und Nutzern. Die Anfälligkeit für derartige Angriffe kann nur durch regelmäßige Kampagnen und Probeangriffe gesenkt werden. Diese bieten eine willkommene Gelegenheit, das Verhältnis zwischen Nutzern und IT-Verantwortlichen zu verbessern.

Denn die „normalen" Nutzer sind deutlich mehr in Gefahr als ein IT-Profi. Während Letztere mit Begriffen wie „E-Mail-Header" und „Spoofing" meist sofort etwas anfangen können, ist vielen Anwendern oft nicht bekannt, wie leicht sich E-Mail-Absender oder E-Mails fälschen lassen.

Idealerweise arbeiten die IT-Abteilung und andere Angestellte Hand in Hand. Das ist aber oft mehr Wunsch als Realität. Gerade für die Abwehr von Social-Engineering-Angriffen kann es helfen, wenn beide Seiten frei miteinander reden können. Für die IT-Abteilung mag das bedeuten, Frust über Fehler der Anwender nicht öffentlich zu proklamieren. Anwender könnten daraufhin wiederum ihre Bedürfnisse und Sorgen im Umgang mit der IT offener ansprechen und für Rat dankbar sein.

Denn am Ende haben beide Parteien das gleiche Ziel: Für die Sicherheit des Unternehmens und der sensiblen Informationen Sorge zu tragen.

Literatur

BSI (2014): Die Lage der IT-Sicherheit in Deutschland 2014. https://www.bsi.bund.de/SharedDocs/
Downloads/DE/BSI/Publikationen/Lageberichte/Lagebericht2014.pdf?__blob=publicationFile.
Zugegriffen: 06.06.2016.

Autor

Linus Neumann ist Diplom-Psychologe und Hacker. Während seines Studiums an der Humboldt-Universität zu Berlin beschäftigte er sich zusätzlich mit Politikwissenschaften und forensischer Psychiatrie.

Er berät deutsche und internationale Organisationen in Fragen der IT-Sicherheit und begleitet mit seinem Podcast „Logbuch:Netzpolitik" die politischen und gesellschaftlichen Phänomene der Digitalisierung.

Für den Chaos Computer Club trat Neumann mehrmals als Sachverständiger für IT-Sicherheit in Ausschüssen des Deutschen Bundestags auf, unter anderem zum E-Government- und zum IT-Sicherheitsgesetz.

Sicher und einfach: Security aus der Steckdose

Dirk Backofen

Unternehmen aller Branchen und Größen – aber allen voran der Mittelstand – sind heute in der Pflicht, sich mit drängenden Fragen auseinanderzusetzen: Um die Wettbewerbsfähigkeit zu sichern, gilt es, neue Technologien ein- und umzusetzen sowie der demografischen Entwicklung, der Globalisierung und der zunehmenden Verlagerung des wirtschaftlichen Schwerpunkts in den Dienstleistungssektor Rechnung zu tragen. Das kann nur mittels digitaler Prozesse geschehen. Die Digitalisierung eröffnet Unternehmen völlig neue Potenziale. Speziell die Cloud bietet eine kosteneffiziente, einfache und flexiblere Möglichkeit, im Wettbewerb erfolgreich zu bestehen.

Doch die IT von Unternehmen steht unter Dauerbeschuss – praktisch ununterbrochen erfolgen Cyberangriffe auf Firmennetzwerke. Und diese sind schlecht geschützt: Bereits im vergangenen Jahr hatte die Nationale Initiative für Informations- und Internet-Sicherheit e. V. (NIFIS) kritisiert, dass es gerade im Bereich der Absicherung des „Internet of Things" deutlichen Nachholbedarf bei der Sicherheit gebe. Dies gelte insbesondere für den Mittelstand (vgl. NIFIS 2015).

Ebenso gibt es einen großen Handlungsbedarf bei der Sicherheit mobiler Geräte wie Smartphones und Tablets, wie die aktuelle „Security Bilanz Deutschland" von techconsult belegt. 50 Prozent der deutschen Unternehmen geben darin an, dass Antiviren- und Malware-Erkennung bei ihnen nicht gut gelöst sind – bei Lösungen für mobile Endgeräte sind es sogar 66 Prozent (vgl. techconsult 2015). Gerne würden sich die Firmen besser schützen, doch es fehlt an Experten für die IT-Security. Nur jedes zweite Unternehmen kann beispielsweise einen IT-Sicherheitsverantwortlichen benennen, so das Bundesamt für Sicherheit in der Informationstechnik (vgl. BSI 2011). Die Sicherheit erweist sich somit als letzter Hemmschuh der Digitalisierung.

Als Lösung bietet sich ein Ansatz an, der sich zunächst paradox anhört: Im Zeitalter der Digitalisierung kommt der beste Schutz für Angriffe aus dem Internet womöglich ebenfalls aus dem Internet. Mit sogenannten Managed Services erhalten Kunden ein einfach einsetzbares Rundumschutzpaket aus der Cloud, das ihre Industrienetze, Daten und Anwendungen absichert sowie frühzeitig vor Cyberattacken warnt.

10.1 Datensicherheit im roten Bereich

Deutsche Unternehmen aller Größen sind weltweit erfolgreich und oft Marktführer – dennoch machen sie sich Sorgen: Wenn selbst der Bundestag und andere große Organisationen gehackt werden können, wie sollen dann geschäftskritische Daten und Anwendungen gerade von Mittelständlern gesichert werden? Tagtäglich ist von neuen Übergriffen und Infektionen durch Computerviren zu lesen. Laut Bitkom ist rund die Hälfte (51 Prozent) aller deutschen Unternehmen zwischen 2013 und 2015 Opfer von digitaler Wirtschaftsspionage, Sabotage oder Datendiebstahl geworden. Der Schaden für die Wirtschaft liegt bei 51 Milliarden Euro pro Jahr, wobei es den Mittelstand mit 61 Prozent der Übergriffe am härtesten trifft. Was die Branchen angeht, wird die Automobilindustrie am stärksten angegriffen (68 Prozent), danach folgen Chemie- und Pharmabranche (66 Prozent) sowie Banken und Versicherungen (60 Prozent) (vgl. Bitkom 2015b).

Weitere Erkenntnis: Cyberattacken werden immer häufiger und raffinierter. In der Folge müssen die betroffenen Firmen immer wieder in neue Sicherheitsmechanismen investieren und sollen Lösegeld für entführte Daten bezahlen. Zusätzlich führen solche Angriffe zu Imageschäden und Vertrauensverlust sowie in der Folge zu stärkerer Kundenfluktuation und sinkenden Umsätzen. Experten vermuten daher sogar, dass die globalen Schäden aufgrund von Cyberattacken zwischen 400 Milliarden und 2,2 Billionen US-Dollar liegen (vgl. A. T. Kearney 2015). Meist können Unternehmen das Tempo der kriminellen IT-Entwicklung nicht mitgehen. So schätzt die Unternehmensberatung Roland Berger, dass täglich 250.000 neue Schadprogramme entdeckt werden (vgl. Roland Berger 2015). Die Anzahl der tatsächlich existierenden Programme dürfte noch weit darüber liegen.

Den Verantwortlichen ist der Ernst der Lage durchaus bewusst – aber ihnen fehlt es an Skills, Personal und einfach nutzbaren Lösungen, um die Abwehrreihen zu schließen. Wie konnte es so weit kommen? Security war doch schon immer eines der Top-Themen für Firmen. Wie eine Umfrage von Matthias Zacher, Chefanalyst der International Data Corporation (IDC), aus dem vergangenen Jahr zeigte, zählen 62 Prozent der Unternehmen die Verbesserung der Security vor allem im Bereich Mobility zu den drei wichtigsten Initiativen in diesem Jahr. Aber selbst bei verhältnismäßig einfachen Lösungen wie Antiviren-Programmen oder Firewalls für Smartphones und Tablets gibt es laut der Studie „Security Bilanz Deutschland" von techconsult große Probleme. Nur ein Drittel der befragten Mittelständler erklärte, mit der Umsetzung entsprechender Lösungen in ihrem Unternehmen zufrieden zu sein (vgl. techconsult 2015).

Das ist hochbrisant, denn die Unternehmen sehen sich einer breit gefächerten Angreiferlandschaft und unterschiedlichen Zielsetzungen gegenüber – von Cyber Wars, Advanced Persistent Threat (APT)-Angriffen und Cyber-Kriminalität bis hin zu E-Spionage, Hacktivismus und E-Vandalismus. Insbesondere das Thema APT erhält aus Sicht von Experten nicht die erforderliche Aufmerksamkeit durch die Unternehmen (vgl. IDC 2013). So hat einer Studie zufolge jedes fünfte Unternehmen keine APT-spezifischen Abwehrmaßnahmen eingerichtet.

„Die Angriffe zielen auf Datendiebstahl und -verschlüsselung mit erpresserischer Absicht, das Unterbrechen beziehungsweise Stören von Betriebsabläufen, auf Imageschäden und auf den Missbrauch der unternehmenseigenen IT-Systeme für kriminelle Zwecke. Für betroffene Unternehmen kann das im schlimmsten Fall das Einstellen der Geschäftstätigkeit zur Folge haben" (IDC 2013).

Unternehmen fokussieren sich bei der Absicherung ihrer Infrastrukturen wie zu erwarten auf geschäftskritische Anwendungen sowie Rechenzentren. Aber das genügt nicht. Am äußersten Rand des Unternehmensnetzwerkes tummelt sich mittlerweile eine unüberschaubare Zahl an mobilen Endgeräten. Sie sind die unsichersten Bestandteile der betrieblichen IT-Struktur. Das gilt umso mehr, wenn die Firmenpolitik „Bring your own Device" vorsieht, Mitarbeiter also ihre privaten Smartphones und Tablets beruflich nutzen. IT-Sicherheitsverantwortliche stehen vor der Aufgabe, bekannte Herausforderungen und neue Anforderungen, die sich aus den aktuellen Entwicklungen ergeben, gleichermaßen angemessen zu berücksichtigen (vgl. IDC 2013). Denn ein Cyberangriff wird heute in Unternehmen erst nach durchschnittlich 230 Tagen entdeckt – viel Zeit, um ungehindert Schaden anzurichten. Es bedarf also einfach anwendbarer Lösungen, die Angriffe rasch erkennen und sofort Abwehrmechanismen einleiten können. Schadcode, Cyberangriffe und Datendiebstahl müssen möglichst schnell blockiert werden können, gleichzeitig sollten mittels „Sandboxing" verdächtige Dateien aufgespürt werden, indem sie in einer geschützten Umgebung ausgeführt werden.

Mit einer Sandbox – die englischsprachige Bezeichnung für Sandkasten – wird allgemein ein isolierter Bereich bezeichnet, in dem Prozesse ablaufen können, ohne dass die Software-Umgebung davon beeinflusst wird. Beispielsweise kann ein Virus darin gefahrlos aktiviert werden, um seine Mechanismen zu studieren. Er wird vom Rest des Systems abgeschirmt, also quasi wie ein Kind in den Sandkasten gesetzt, wo er gefahrlos „spielen" kann. Gleichzeitig lässt sich die Systemzeit beschleunigen, sodass Systemprozesse schneller ablaufen als üblich und somit Anomalien wie Viren innerhalb von Minuten erkannt werden – und nicht erst nach durchschnittlich 230 Tagen.

Herkömmlicherweise sehen Sandboxes aus wie ein Betriebssystem, das auf eine virtuelle Maschine aufsetzt oder in einem Container läuft. Was sich trivial anhört, ist in Wahrheit sehr knifflig, obgleich heutzutage selbst Browser wie Googles Chrome Sandboxes eingebaut haben. Dort testen sie Code auf Websites auf ihre Schädlichkeit und geben dem Nutzer gegebenenfalls einen Warnhinweis. Lösungen für den Mittelstand sind natürlich weitaus anspruchsvoller, weil auch die Angriffsszenarien komplexer sind. Zudem darf eine Sandbox weder Netzwerkleistung noch die Arbeit beeinträchtigen.

Eine Sandbox stellt also auf einfache Art und Weise sicher, dass schädliche Aktivitäten nicht im Firmennetzwerk, sondern in einer geschlossenen Umgebung ausgeführt werden. In einem abgeschlossenen Bereich können so die Funktionsweisen einer bislang unbekannten Software studiert werden. So wurde im März 2016 auch der Cryptolocker „Locky" enttarnt.

Bei Locky und seinen vielen Variationen handelte es sich um eine sogenannte Ransomware, die immer öfter auf Unternehmen angesetzt wird. Fortgeschrittene Varianten verschlüsseln Dokumente und Dateien auf Computern und Festplatten, die per Netzwerk miteinander verbunden sind. Auf diese Weise können Cyber-Kriminelle ganze Organisationen lahmlegen und von den Opfern Geld in Bitcoins erpressen. Betroffen war Anfang 2016 beispielsweise eine Forschungseinrichtung, bei der Locky im Laufe nur eines Nachmittags die Dateien eines zentralen Servers verschlüsselt und damit unbrauchbar gemacht hat (vgl. Heise.de 2016). Im selben Zeitraum waren auch zahlreiche Behörden und Unternehmen in kleineren Gemeinden betroffen.

Cyberkriminalität hat sich zu einem eigenen Wirtschaftszweig entwickelt – der Underground Economy. Trojaner wie Locky sind auf verschleierten Internetseiten, dem sogenannten Dark Web, schon für eine dreistellige Summe zu haben. Die Anbieter solcher Schadcodes bieten ihren kriminellen Abnehmern sogar Support an. Und der Einsatz solcher Ransomware lohnt sich: Laut Berechnungen des US-Sicherheitsspezialisten Tony Robinson können Online-Kriminelle damit Tageseinnahmen von über einer Million Dollar generieren (vgl. T-Online 2016).

In Deutschland raten Sicherheitsexperten und Polizei grundsätzlich davon ab, Lösegeld an Online-Erpresser zu zahlen. Nutzer sollten lieber auf Prävention setzen. In der Praxis sind damit offenbar aber viele Firmen und kommunale Einrichtungen überfordert. Denn sehr häufig gelangt die Ransomware mit einem infizierten Anhang auf die Rechner, seien es Office-Dokumente, PDF-Dateien vom Faxgerät oder gar Javascripts, die der Empfänger ahnungslos anklickt.

Tatsächlich stellen Trojaner und Würmer die derzeit größte Gefahr im Internet dar. Das berichtet der Digitalverband Bitkom mit Berufung auf einen Bericht der European Network and Information Security Agency (vgl. Bitkom 2015a). Auf dem zweiten Platz im Ranking der größten Gefahren im Internet liegen Attacken durch webbasierte Software, auch bekannt als „Drive-by-Downloads". Dabei reicht der Besuch einer infizierten Website aus, um sich unbemerkt Schadcode herunterzuladen. Als weitere Gefahren folgen manipulierte Smartphone-Apps, ferngesteuerte Computer – sogenannte Botnetze –, infizierte E-Mails – oftmals massenhaft als Spam versandt –, und das Abgreifen sensibler Zugangsdaten – das gefürchtete „Phishing". Alle diese Gefahrenquellen treten in einem stets neuen Gewand auf.

Hier können einfach einsetzbare Big-Data-Analysen von großem Nutzen sein. Sie analysieren das Verhalten von Daten im System, erkennen Anomalien und blockieren gegebenenfalls den weiteren Austausch. Auch intelligente Lockfallen, sogenannte „Honeypots", haben sich als sehr hilfreich erwiesen. Sie ködern potenziell schädlichen Code mit augenscheinlich interessanten Daten und machen ihn handlungsunfähig.

Auch Security-Apps für Endgeräte wirken sehr effektiv: Ein selbstständig lernender Algorithmus kann durch Echtzeitanalyse Tausender Parameter im Betriebssystem auch unbekannte Risiken identifizieren. Dazu gehören unter anderem sogenannte Zero-Day-Exploits, die bislang unbekannte Sicherheitslücken ausnutzen. Kompromittierte Geräte lassen sich bei Bedrohungen sofort aus dem Unternehmensnetz ausschließen. Sie senden einen Alarm an die Steuerungszentrale des Systems und übermitteln forensische Daten zur detaillierten Analyse des Angriffs.

Um auf all die genannten Angriffsszenarien adäquat reagieren zu können, haben Unternehmen die Wahl: Sie können ihr ganz eigenes Sicherheitskonzept entwickeln und umsetzen oder sich Hilfe von außen holen. Der erste Fall ist alles andere als trivial – und scheitert wie gesehen nicht zuletzt daran, dass Fachkräfte für den Aufbau einer schlagkräftigen Abwehr Mangelware sind. Im zweiten Fall bieten sich Lösungen an, die sich durch ihre Einfachheit auszeichnen und die als Bundle aus der Cloud kommen.

10.2   Digitalisierung benötigt neue Sicherheitskonzepte

All die uns heute bekannten Probleme rund um das Thema der Absicherung von Unternehmensnetzwerken können nur unter Berücksichtigung der jüngsten Entwicklungen in der Informations- und Telekommunikationstechnik (ITK) verstanden werden. Digitalisierung heute schlägt sich in vier großen Megatrends nieder:

1. **„All is Mobile":** Wissensarbeit ist im 21. Jahrhundert nicht ohne elektronische Helfer möglich. Beinahe jeder Berufstätige trägt heute sein Smartphone oder sein Tablet mit sich, sowohl für die Arbeit als auch in der Freizeit. Obwohl Laptops und Desktop-PCs mit 60 Prozent nach wie vor die bevorzugten Endgeräte sind, stieg die Smartphone-Nutzung in Deutschland Ende 2015 auf 29,6 Prozent an (vgl. Webtrekk 2016). Anwender sind es heutzutage gewohnt, mobil auf ihre Anwendungen zugreifen zu können. Diese Anwendungen sollen selbstverständlich stets aktuell und synchronisiert sein. Dazu müssen sie allerdings an einem zentralen Ort liegen. Was den Blick auf den zweiten großen Digitalisierungstrend lenkt:

2. **„All is Cloud":** Für eine zentrale Lagerung von Anwendungen und Daten hat der PC oder Server unter dem Schreibtisch ausgedient. Zum Sammeln, Speichern und Aufbereiten der Unmengen von Daten braucht es vielmehr eine zentrale und hochsichere Cloud-Lösung in einem Rechenzentrum. 44 Prozent der Unternehmen in Deutschland setzen solche Lösungen ein, weitere 24 Prozent planen oder diskutieren den Einsatz, so der Cloud-Monitor 2015. „74 Prozent der Unternehmen versprechen sich von der Private-Cloud-Nutzung einen verbesserten Zugriff auf IT-Ressourcen, drei Viertel der Anwender bestätigen, dass dieses Ziel erreicht wurde" (Bitkom/KPMG 2015).

3. **„All is IP":** Das Internet Protokoll (IP) ist zur Universalsprache aller Kommunikationsprozesse geworden. Statt die Endgeräte der jeweiligen Teilnehmer wie früher direkt zu verbinden, werden in einem IP-Netzwerk Kommunikationsinhalte in Datenpaketen geroutet. Das schont Netzwerkressourcen und macht die Kommunikation hocheffizient. In den Paketen können alle möglichen Inhalte stecken – Bilder, Schriftstücke, Videos –, eben alles, was sich digitalisieren lässt. Die Kommunikation findet aber längst nicht mehr nur zwischen Menschen statt. Im Internet der Dinge kommunizieren Gegenstände miteinander. Dabei stehen Technologie und Nutzung erst am Anfang: Von den rund 1,5 Billionen Gegenständen auf der Erde, die prinzipiell von einer IP-Adresse profitieren könnten, sind laut Aussagen von Roland Berger gerade einmal ein

Prozent mit dem Internet verbunden. Nicht nur Smartphones und Computer nutzen IP, auch Unterhaltungselektronik, Kommunikationsgeräte, Haushaltsgeräte, Bekleidung, Wearables, Fahrzeuge und noch viel mehr sprechen diese Universalsprache. Wenn die Zahl der mit dem Internet verbundenen Geräte im Jahr 2020 die 50-Milliarden-Marke erreichen wird, werden wohl nur noch 17 Prozent dieser Geräte Computer oder Handys sein (vgl. Kückelhaus 2015).

4. **„All is Secure"**: Fakt ist, dass die Zahl der über das IP vernetzten Geräte in unvorstellbare Ausmaße wächst. Und die damit möglichen Einfallstore für Datendiebe ebenfalls. Der vierte Aspekt der Digitalisierung ist damit zum wichtigsten geworden: Was hilft die schöne neue IP-Welt, wenn sie nicht sicher ist? Für die Verantwortlichen in den Unternehmen ist das Thema Security damit noch einmal wichtiger geworden.

Entziehen kann sich dieser Entwicklung kein Unternehmer: Es ist längst keine Frage mehr, ob sich die Digitalisierung lohnt – an ihr führt schlicht kein Weg mehr vorbei. Dabei fressen nicht wie üblich die Großen die Kleinen, sondern vielmehr die Schnellen die Langsamen – wer in Sachen Digitalisierung zu spät kommt, hat bereits verloren. Für Anwenderunternehmen stellt sich also nicht die Frage, ob digitalisiert werden muss, es stellen sich vielmehr die Fragen, wann, wo und wie sicher digitalisiert wird. Das sind die entscheidenden Punkte bei der fortschreitenden Vernetzung all der vielen verschiedenen Geräte in den verteilten Netzwerken von Unternehmen.

Wie also kann sich ein Anwenderunternehmen angesichts dieser exponentiell steigenden potenziellen Sicherheitslücken vor unbefugten Zugriffen schützen? Für Anbieter von Sicherheitslösungen ist es von enormer Wichtigkeit, die Anliegen der Nutzer zu verstehen, sie am besten schon zu antizipieren, sowie ihnen wirklich einfach nutzbare Lösungen zur Verfügung zu stellen. Wie sehen die digitalen Prozesse beim Anwender aus, etwa ein Buchungsvorgang? In der Regel kommen dabei viele komplexe digitale Prozesse und Mechanismen zum Einsatz, die verstanden werden müssen, um Angreifern keine Chance zu geben.

10.3   Digitale Identität ist die neue Währung

Im Zeitalter des Internets ist nicht mehr Geld die Währung, die zählt. Es sind vielmehr die Daten, die Menschen online von sich preisgeben und mit denen sie dann im Netz – bewusst oder unbewusst – „bezahlen". Es gibt aber noch eine weitere Steigerung: Im Zeitalter des unsicheren Internets ist die neue Währung die persönliche digitale Identität. Es gibt viele unterschiedliche Formen für digitale Identitäten, die meisten Menschen haben heute sogar eine Reihe digitaler Identitäten. Wie in der realen können sie sich auch in der digitalen Welt zu erkennen geben. Wenn Nutzer online Geld überweisen oder einkaufen, sich in Foren, sozialen Netzwerken oder E-Mail-Accounts einloggen, authentisieren sie sich mit unterschiedlichen Verfahren. Dabei greifen Mechanismen, die individuelle Attribute einer bestimmten Person zuordnen. Ein geläufiges Beispiel ist die Verbindung von Benutzername und Passwort (vgl. Bundesdruckerei 2015).

Auch Objekte und Firmen sind heute mit digitalen Identitäten ausgestattet. Dadurch lassen sie sich in unterschiedlichen Prozessschritten eindeutig zuordnen und sind auffindbar, beispielsweise in der Logistik oder in der Industrie 4.0. Damit sie nicht gefälscht, manipuliert oder gestohlen werden – indem etwa Kriminelle darauf zugreifen können –, müssen sie sicher sein.

Folgerichtig ist der Schutz digitaler Identitäten eng verquickt mit dem Schutz von Firmendaten, denn erst der Zugriff auf die digitale Identität ermöglicht den Zugang in das Herz von Unternehmen. Entsprechend ausgefeilt müssen die Mechanismen für den Schutz sein. Doch woher soll ein Nicht-Fachmann wissen, wie er sich bestmöglich schützen kann? Hier braucht es ausgewiesene Experten, die für den Schutz von Firmennetzwerken inklusive digitaler Identitäten und geschäftskritischer Daten sorgen.

Solch ein Komplettschutz ist hochkomplex. Allerdings dürfen die Experten diese Komplexität nicht an den Anwender weitergeben. Vielmehr müssen sie ihm die Angst vor den diffus erscheinenden technologischen Maßnahmen im Hintergrund nehmen. Die Komplexität darf beim Nutzer wenn überhaupt nur in Form eines An- und Ausschaltens sowie als „Plug-and-Play"-Ansatz ankommen – ähnlich wie beim Strom, der unbemerkt zum Verbraucher geleitet wird. Gerade der Mittelstand benötigt die „Security aus der Steckdose", die schnell und einfach immer verfügbar ist. Ein umfassender Schutz für die Daten, Netze, Anwendungen und digitalen Identitäten muss sich im Endeffekt mit wenigen Einstellungen realisieren lassen. So muss Security sein: einfach und sicher zugleich – einfach zu beziehen und einfach zu bedienen. Nur so kann Datenschutz funktionieren.

10.4 Gibt es einen absoluten Schutz?

Jeder, der sich mit Security beschäftigt, wird von zwei ambivalenten Zielsetzungen geleitet: Zum einen will er einen umfassenden Einblick in ein System inklusive aller möglichen Schwachstellen und Angriffspunkte erhalten und tut dafür alles Notwendige – andererseits wird er das Gefühl nicht los, trotz aller Analysen und Maßnahmen in der entscheidenden Sekunde einer bislang unbekannten Bedrohung schutzlos gegenüberzustehen. Das ist das Spannungsfeld, in dem sich praktisch alle Sicherheitsexperten bewegen. Wie kann der bestmögliche Schutz für ein Unternehmen aufgebaut werden, wenn dieses gleichzeitig expandiert und immer neue IP-Verbindungen eröffnet? Denn nicht nur die Daten und Anwendungen sollen sicher sein, sondern auch die Netze, über die diese laufen.

Eines wird jeder Experte bestätigen können: Einen absoluten, also 100-prozentigen Schutz kann kein Security-Spezialist dieser Welt gewährleisten, auch nicht mit den ausgefeiltesten Verfahren und Mechanismen. Der Grund liegt auf der Hand: Hacker und Einbrecher befinden sich im stetigen Wettstreit mit den Sicherheitsfachleuten, es handelt sich um ein ständiges Wettrennen zwischen Lösung und Gegenlösung, zwischen Idee und Gegenidee. Fortschrittliche Sicherheitsexperten sind daher dazu übergegangen, mit intelligenten Mechanismen nicht nur die Muster zu erkennen, die einen Angriff ausmachen, sondern auch die Muster zu selektieren, die atypisch oder bislang unbekannt waren, und diese auf ihre Gefährlichkeit hin zu untersuchen.

Herkömmliche Security-Technologien, bestehend aus Virenscanner, Web Proxys und ähnlichen Mechanismen, führen sogenannte Deep Package Inspections durch – sie tasten den Netzwerkverkehr also nach bekannten Bedrohungen ab. Finden sie ein solches Muster, wird das entsprechende Datenpaket, etwa der Anhang einer E-Mail, nicht zugelassen. Diese Verfahren stoßen an ihre Grenzen, sobald ein bislang unbekanntes Muster auftaucht. Im herkömmlichen Falle würde dieses möglicherweise schädliche Muster auf das Unternehmen losgelassen. So etwas gilt es in jedem Fall zu verhindern, weswegen die Experten Verfahren wie das bereits erläuterte „Sandboxing" entwickelt haben. Präventive Abwehrmechanismen müssen weg von patternbasierten Analyseverfahren, bei denen nach bekannten Mustern gesucht wird, hin zu Mechanismen, die Jagd auf noch unbekannten Code machen. Die Analyse wird dabei auf alle Elemente ausgeweitet, die in das Netzwerk eingebunden sind.

Vorstellbar in diesem Umfeld ist beispielsweise eine dauernde Überwachung von mobilen Endgeräten wie Handys oder Tablets – vergleichbar mit einem Dauer-EKG für den Menschen. Dabei senden kompromittierte Geräte einen Alarm an die Steuerungszentrale des Systems und übermitteln dorthin forensische Daten zur Analyse des Angriffs. Weitere Reaktionen auf eine Bedrohung wie eine Alarmierung des Nutzers oder sonstige Gegenmaßnahmen über Mobile-Device-Management-Lösungen lassen sich individuell einstellen.

Eine solche Form der „Dauer-EKG-Überwachung" des Handys setzt an ganz vielen verschiedenen Vektoren an und gibt Alarm, wenn etwa der Akku überraschend schnell entlädt, die CPU-Belastung sprunghaft steigt oder der Speicher übermäßig in Anspruch genommen wird. Immer, wenn etwas passiert, was nicht dem Regelbetrieb entspricht, wird das Handy gesperrt.

Letztlich geht es darum, ein Analyseverfahren zu entwickeln, das Anomalien erkennt, ohne diese zunächst näher definieren zu können. Das bietet immer noch keinen 100-prozentigen Schutz, steigert die Überwachung eines Systems aber auf das maximal Mögliche. Und was bei Smartphones möglich ist, muss auch in Unternehmensnetzen machbar sein – auch wenn dort die Angriffsszenarien um ein Vielfaches ausgefeilter und verteilter sind.

10.5   So sehen Angriffsszenarien heute aus

Wie elementar eine intelligente Analyse ist, zeigen sogenannte Dienstverweigerungsangriffe: Bei Denial-of-Service-Angriffen wird das Computersystem von Firmen und anderen Organisationen gezielt überlastet. In der Hacker-Welt kommen in der Regel Distributed-Denial-of-Service-Attacken zum Einsatz, der Angriff findet also durch viele verschiedene Server statt, die der Angreifer vorher gekapert hat. Man spricht in diesem Fall von „Zombi-Hosts". Das Opfer wird durch sie mit einer Vielzahl von Anfragen überhäuft – so kommen etwa fehlerhafte IP-Pakete zum Einsatz – und stellt daraufhin seinen Dienst wegen Überlastung ein.

Als Einfallstor für diese Angriffe sind häufig Einzel-PCs interessant, die den Weg in ein größeres, übergeordnetes Netz weisen. Beim Ausfall des Netzes eines großen Internetversandhändlers etwa würden binnen einer halben Stunde mehrere Millionen Euro Schaden entstehen. Mit den aus Kundendatenbanken entwendeten Angaben ließe sich viel Geld erpressen.

Ein weiteres Beispiel: das sogenannte „Phishing", mit dem unter anderem Logins beim Online-Banking oder andere Arten von Passwörtern „abgefischt" werden sollen. Dabei verwenden Angreifer in der Regel E-Mails, über die Angegriffene auf eine bösartige Internetseite gelangen oder dazu bewegt werden, eine infizierte Datei zu öffnen. Schadcode wird übrigens laut dem Advanced Threat Report des Sicherheitsexperten FireEye in über 90 Prozent aller Fälle im ZIP-Format versendet (vgl. FireEye 2016). Inzwischen tauchen Schadcodes wie Malware auch in harmlos erscheinenden E-Mail-Anhängen wie „.doc" oder „.pdf" auf. Dies kann der Anfang eines APT-Angriffs sein. Damit versuchen Angreifer in mehreren Schritten, teilweise über Jahre, Zugriff auf Unternehmensnetze, Identitäten und Daten zu erlangen. Immer häufiger werden zudem DLL-Dateien statt der üblicheren EXE-Dateien genutzt. Sie sorgen dafür, dass Infektionen länger unentdeckt bleiben.

Im Fall von Malware wird des Weiteren selbst das Sandboxing zu umgehen versucht: So sind Vorfälle bekannt, in denen die Malware nur aktiv wurde, wenn auch die Maus bewegt wurde – sie tarnte sich quasi hinter dem Mauszeiger. Auch findet sich immer mehr Schadcode, der virtuelle Umgebungen erkennen kann – wähnt sich der Virus in einer Sandbox, bleibt er einfach inaktiv.

Es bleibt also beim eingangs beschriebenen Hase-und-Igel-Spiel zwischen Angreifern und Verteidigern. Wie bei der bereits erwähnten Ransomware „Locky", die für Aufregung sorgte. Der Verschlüsselungstrojaner kaperte sogar die Daten von Krankenhäusern – sowohl in Deutschland als auch in den USA – und versuchte, Lösegeld zu erpressen. Dabei hätte es noch schlimmer kommen können: Nicht nur, dass zeitweise Befunde per Telefon oder Fax anstatt digital übermittelt werden mussten, es hätten auch Patientendaten manipuliert oder gelöscht werden können – mit wirklich gravierenden, also lebensbedrohlichen Folgen für die Betroffenen. Auch hier eröffnet die zunehmende Vernetzung von (medizinischen) Geräten – Stichwort Internet der Dinge – neben ihren Vorteilen gleichzeitig auch immer mehr Zugriffsmöglichkeiten für Cyberkriminelle.

Mit einer fortschrittlichen Advanced Persistent Threat Protection, die auch komplexeren Angriffsszenarien Einhalt gebietet, hätte die bis dahin unbekannte Art von Schadcode herausgefischt und unschädlich gemacht werden können. Das zeigt, dass sich auch Organisationen, die sich bislang in Sicherheit wähnten, neu mit dem Thema Security beschäftigen müssen. Denn der Schutz, den sie vor drei, vier oder fünf Jahren aufgebaut haben, ist mittlerweile veraltet. IT-Manager und Firmenchefs stehen in der Verantwortung, ihren Schutz immer aktuell und auf dem Laufenden zu halten sowie die Einfachheit bei der Anwendung in den Fokus zu rücken.

10.6   Security-Baustelle Mittelstand

Bei der heutigen Komplexität von Angriffen und den diesen entgegengesetzten Abwehrmechanismen können nur Spezialisten den Überblick behalten. Und die sind mittlerweile Mangelware. Händeringend suchen Mittelständler wie Großunternehmen nach geeignetem

Personal mit den entsprechenden Skills, um Sicherheitssysteme in Eigenregie zu betreiben. Doch der Markt ist leergefegt.

Oft haben mittelständische Unternehmen daher gar keine andere Chance, als die Security an einen vertrauensvollen Partner auszulagern. Dabei stellt man fest: Der beste Schutz vor Angriffen aus dem Internet kommt ebenfalls aus dem Internet. Mit sogenannten „Managed Services" erhalten Unternehmen das Rundumschutzpaket aus der Cloud – für alle Angriffsziele im Unternehmen inklusive der Absicherung von Industrienetzen und Anwendungen sowie der Früherkennung und Vermeidung von Angriffen. Und das alles, ohne dass sich speziell geschultes Personal darum kümmern muss – einmal mehr gilt auch hier: so schnell und einfach wie „Security aus der Steckdose".

Dabei sind die Mechanismen, mit denen sich Unternehmen jedweder Größe schützen, eigentlich immer die gleichen – klar, denn nicht die Angriffe unterscheiden sich, sondern nur die Größe der zu untersuchenden Bandbreite von Internet-Traffic. Zum Einsatz kommt in der Regel ein Toolset aus Virus-Protection, Firewalls, Intrusion Prevention, Load-Balancer, Web-Proxy, Advanced Persistent Threat Protection und einigen anderen Verfahren.

Oftmals überfordert die Verantwortlichen im Mittelstand auch die Komplexität der Aufgabe. Sie haben Angst, im entscheidenden Augenblick die falsche Maßnahme zu treffen. Daraus resultieren vielfältig ausgeformte, überkomplexe und heterogene Security-Architekturen, die sich nicht immer durch Effizienz auszeichnen. Effizient wäre es, Security-Lösungen als „Security aus der Steckdose" beziehungsweise aus der Cloud einzusetzen. Sie sind auf Knopfdruck bestellbar, werden als Paket geliefert, sind schon vorkonfiguriert und installieren sich selbst.

10.7 Teuer ist nicht gleich sicher: Security-Lücken in Großunternehmen

Große Unternehmen haben in der Regel sehr viel Geld für ihren Schutz ausgegeben und wähnen sich daher oftmals auf der sicheren Seite. Schließlich haben sie auf die neueste Technik gesetzt. Doch wie lange ist eine Technik neu? Es gibt immer ein noch besseres Produkt, und so hecheln die Verantwortlichen in diesen Konzernen ständig den letzten internationalen Security-Trends hinterher. Das kostet Kraft und Ressourcen.

Eine weitere Herausforderung für große Unternehmen besteht darin, dass Applikationen oft selbst geschrieben und im eigenen Rechenzentrum gehostet wurden. Aufgerufen wurden diese Applikationen stets im Firmennetz, da das Internet bis dato nur für Recherchen genutzt wurde.

Noch zu Anfang des neuen Jahrtausends ging es sicherheitspolitisch in erster Linie darum, den Übergang vom Firmennetz zum Internet abzusichern. Heute hat sich die Situation aber komplett verändert: Das Internet hat immens an Bedeutung gewonnen, in der Public Cloud stehen jede Menge Business-Applikationen zur Nutzung bereit. Als wenige Beispiele unter vielen sei etwa die Telekom-Cloud genannt, Open Telekom Cloud, MS Office 365, Salesforce oder die Cisco InterCloud. Würden Firmen solche Anwendungen im eigenen Rechenzentrum hosten, wären vielfältige Maßnahmen notwendig – allein für den sicheren Zugriff müsste beispielsweise zwischen Anwendung und Mitarbeitern ein Corporate-Security-Hub installiert werden. Der Security-Hub ist eine Sicherheitslösung, die mobile Endgeräte vor Angriffen und Schadcode aus dem Internet schützt – und dafür den gesamten Datenverkehr in Echtzeit analysiert. Da in der Regel viele Mitarbeiter auf eine derartige Anwendung zugreifen, muss der Hub eine entsprechende Bandbreite gewährleisten. Auch die Verschlüsselung der Kommunikation ist sehr investitions- und ressourcenintensiv. Dazu kommen Mobile Device Management, Mobile Application Management und Mobile Content Management.

Alternativ gibt es für Unternehmen die Möglichkeit, speziell für ihre Bedürfnisse entwickelte Business-Applikationen einfach als Dienstleistungen aus dem Netz zu beziehen. Der Nutzer erhält direkten Zugriff auf die Anwendungen. Dazwischen wird allerdings ein intelligentes Sicherheitselement aus der Cloud geschaltet, das die Funktionalitäten eines Security-Hubs selbst für breitere Nutzerkreise und größere, komplexere Applikationen in Großunternehmen verfügbar macht. Damit ist der Anfang gemacht, um auch anspruchsvollere Security-Projekte zu stemmen.

10.8 Gütesiegel „Made in Germany"

Man sieht: Cloud und Security sind in Zeiten der digitalen Transformation untrennbar miteinander verbunden. Die Cloud hatte lange ein Imageproblem – nicht unbedingt, weil sie für Hacker leicht zu knacken wäre. Vielmehr fürchten Unternehmen Wirtschafsspionage, insbesondere bei Cloud-Angeboten aus den USA. Diese Erkenntnis ist der Studie „IT-Sicherheit und Datenschutz 2016" zu entnehmen, die die Nationale Initiative für Informations- und Internet-Sicherheit e. V. (NIFIS) im Vorfeld der CeBIT 2016 vorgestellt hat (vgl. NIFIS 2016): „87 Prozent der Unternehmen in Deutschland legen größten Wert darauf, dass ihre Daten nicht auf Servern von Firmen mit Mutter- oder Tochtergesellschaften in den USA gespeichert werden, um sich vor Spionage zu schützen. 63 Prozent wollen bei der Nutzung von Cloud-Diensten ausschließlich auf deutsche oder zumindest europäische Anbieter zugreifen."

82 Prozent der Befragten für den Report „Mobile Content Management in Deutschland 2016" erklärten, dass der Standort des Rechenzentrums eines Cloud-Anbieters in Deutschland extrem wichtig für sie geworden ist (vgl. IDC 2016). Sowohl Mittelständler als auch Großkunden setzen auf Anbieter, die hochsichere Cloud-Rechenzentren in Deutschland betreiben und die Daten auch nur in Deutschland und unter deutschen Rechtsvoraussetzungen belassen. In Deutschland sind wegen des strengen Datenschutzes die Daten gegen fremde Zugriffe bekanntlich am besten geschützt. Auch ist die Verschlüsselung von Daten hier im Unterschied zu vielen anderen Ländern erlaubt.

Neben dem Datenschutz gibt es noch weitere essenzielle Anforderungen an hochsichere Rechenzentren: So sollten RZ stets redundant ausgelegt sein, damit die Daten immer parallel gespeichert werden und selbst im Falle des Ausfalls einer Seite ein ununterbrochener Zugriff auf die Daten im Zwilling besteht. Darüber hinaus sollte das Ziel eine höchstmögliche Verfügbarkeit von 99,999 Prozent sein – das heute mit allen technischen Mitteln erreichbare Maximum, das etwa fünf Minuten Ausfallzeit pro Jahr entspricht. Alle Daten des Rechenzentrums fließen durch gesicherte IP-VPN-Tunnel, abgeschottet von den öffentlichen Netzen. Dadurch entsteht ein geschlossenes System, vollständig gegen Zugriff von außen abgesichert. Hochmoderne Verschlüsselungstechniken sorgen dafür, dass Daten nur von berechtigten Personen eingesehen werden können.

10.9 Unternehmen wollen die Cloud – aber sicher

Cloud-Angebote bieten Antworten auf drängende Probleme von Unternehmen, die ihre Anwendungen möglichst kostengünstig, aber auch sicher betreiben wollen. Das Outsourcing nimmt ihnen viel Arbeit ab. Eigenentwicklungen sind kostspielig und langwierig, zudem müssen sie skalieren können. Große internationale Anbieter entlasten die Unternehmen von dieser Aufgabe. Sie bieten den Nutzern Zugang zu den Anwendungen in der Cloud und halten sie stets auf dem aktuellsten Stand. Außerdem entfallen unnötige Investitionen in Soft- und Hardware. Das war früher noch ganz anders: Administratoren mussten auf den Rechnern der Mitarbeiter vor Ort die jeweils neuste Version einer Software aufspielen, wobei oftmals Stapel von CDs zum Einsatz kamen.

Die Cloud macht das Leben der IT-Abteilungen so viel einfacher und flexibel – und ist aus diesem Grund nicht mehr aufzuhalten. Für die Firmen muss aber sichergestellt werden, dass ihre Daten dort nicht diffundieren. Die große Herausforderung ist es, Unbefugten den Einblick in diese Daten vorzuenthalten. Dabei geht es nicht nur um das Thema sichere Transportwege, sondern auch um Sachverhalte wie Zugriffsrechte, zusätzliche Verschlüsselung der Daten innerhalb der Cloud und andere Mechanismen, um den Fremdzugriff so schwierig wie möglich zu machen.

Unternehmen sind gut beraten, wenn sie sich vor Vertragsabschluss den potenziellen Cloud-Anbieter genau anschauen: Unter welchem Recht agiert er? Ist es ein deutscher Partner? Organisationen aus dem Gesundheitswesen dürfen beispielsweise ihre Daten gar nicht außerhalb der Landesgrenzen ablegen. Als Anwender muss man sich den Anbieter also ganz genau ansehen und sich selbst die Frage stellen, was einem im Umgang mit den Daten besonders wichtig ist. In der Regel ist dies: der Datenschutz. Und zu guter Letzt gilt es als Kunden, vor allem im Mittelstand, darauf zu achten, dass die Security so schnell und einfach zu beziehen ist, dass sie einer Security aus der Steckdose gleicht – ohne Geschäftsprozesse und Arbeitsabläufe zu unterbrechen, aber dennoch stets unauffällig im Hintergrund. Denn die Gefahren und Bedrohungen sind immer am Puls der Zeit. Verantwortliche im Unternehmen tun gut daran, den Risiken mit derselben Geschwindigkeit auf den Fersen zu bleiben.

Literatur

A. T. Kearney (2015): Information Security: It's All About Trust. https://www.atkearney.de/pressemitteilung/-/asset_publisher/00OIL7Jc67KL/content/a-t-kearney-cyberangriffe-werden-inzukunft-haufiger-und-folgenschwerer?_101_INSTANCE_00OIL7Jc67KL_redirect=%2Fnews-media. Zugegriffen: 20.04.2016.

Bitkom/KPMG (2015): Cloud-Monitor 2015. https://www.bitkom.org/Publikationen/2015/Studien/Cloud-Monitor-2015/Cloud-Monitor-2015-KPMG-Bitkom-Research.pdf. Zugegriffen: 22.03.2016.

Bitkom (2015a): Die größten Gefahren im Internet. https://www.bitkom.org/Presse/Presseinformation/Die-zehn-groessten-Gefahren-im-Internet.html. Zugegriffen: 11.04.2016.

Bitkom (2015b): Digitale Angriffe auf jedes zweite Unternehmen. https://www.bitkom.org/Presse/Presseinformation/Digitale-Angriffe-auf-jedes-zweite-Unternehmen.html. Zugegriffen: 20.04.2016.

Bundesamt für Sicherheit in der Informationstechnik (BSI) (2011): Studie zur IT-Sicherheit in kleinen und mittleren Unternehmen. https://www.bsi.bund.de/DE/Publikationen/Studien/KMU/Studie_IT-Sicherheit_KMU.html. Zugegriffen: 11.04.2016.

Bundesdruckerei (2015): Was ist eine digitale Identität? https://www.bundesdruckerei.de/id-kompass/content/was-ist-eine-digitale-identitaet. Zugegriffen: 19.08.2016.

Experton Group (2015): Cloud Vendor Benchmark. http://www.experton-group.de/research/studien/cloud-vendor-benchmark-2015/ergebnisse.html. Zugegriffen: 22.03.2016.

FireEye (2016): Annual Threat Report. https://www.fireeye.com/current-threats/annual-threat-report.html. Zugegriffen: 11.04.2016.

Heise.de (2016): Krypto-Trojaner Locky wütet in Deutschland: Über 5000 Infektionen pro Stunde. http://www.heise.de/security/meldung/Krypto-Trojaner-Locky-wuetet-in-Deutschland-Ueber-5000-Infektionen-pro-Stunde-3111774.html. Zugegriffen: 14.04.2016.

IDC (2013): IDC-Studie: Halboffene Scheunentorse – Viele Unternehmen in Deutschland zu sorglos bei IT-Security. http://idc.de/de/ueber-idc/press-center/56521-idc-studie-halboffene-scheunentorse-viele-unternehmen-in-deutschland-zu-sorglos-bei-it-security. Zugegriffen: 19.08.2016.

IDC (2015): Mobile Content Management in Deutschland 2016. http://idc.de/de/research/multi-client-projekte/mobile-content-management-in-deutschland-2016/mobile-content-management-in-deutschland-2016-projektergebnisse. Zugegriffen: 22.03.2016.

Kückelhaus, Markus (2015): Das Unvernetzte vernetzen – das Internet der Dinge in der Logistik. https://www.delivering-tomorrow.com/connecting-the-unconnected-the-internet-of-things-in-logistics/. Zugegriffen: 19.08.2016.

NIFIS (2015): M2M: Experten warnen vor erheblichen Sicherheitsproblemen im Mittelstand. http://www.nifis.de/veroeffentlichungen/news/datum/2015/07/14/m2m-experten-warnen-vor-erheblichen-sicherheitsproblemen-im-mittelstand/. Zugegriffen: 19.08.2016.

NIFIS (2016): NIFIS: Sensibilität der deutschen Wirtschaft beim Datenschutz gestiegen. http://www.nifis.de/veroeffentlichungen/news/datum/2016/03/15/nifis-sensibilitaet-der-deutschen-wirtschaft-beim-datenschutz-gestiegen/. Zugegriffen: 19.08.2016.

T-Online (2016): Lösegeld-Trojaner – Geiselnehmer haben das Internet entdeckt. http://www.t-online.de/computer/sicherheit/id_77197720/trojaner-locky-und-co-das-macht-ransomware-so-erfolgreich.html. Zugegriffen: 04.08.2016.

techconsult (2015): Security-Bilanz Deutschland. http://www.techconsult.de/security-bilanz-deutschland/jedes-zweite-unternehmen-sieht-probleme-bei-dokumentenarbeit. Zugegriffen: 11.04.2016.

Roland Berger (2015): Cyber-Security – Managing Threat Scenarios in Manufacturing Companies. http://www.internetworld.de/technik/cybercrime/cyberattacken-verursachen-milliardenschaeden-909741.html. Zugegriffen: 20.04.2016.

Webtrekk (2016): Pressemitteilung „Webtrekk Quartalsstatistik 2015 Q4: 49 % nutzen Tablets oder Smartphones für Online-Shopping". https://www.webtrekk.com/fileadmin/PDFs/Press_releases_News/2016/DE/20160115_Webtrekk_DI_Statistik_Q4_2015_DE.pdf. Zugegriffen: 22.03.2016.

Autor

Dirk Backofen hat seit April 2016 die Position des Programm-
leiters Portfolio Management, Engineering und Operations der
Telekom Security inne. In dieser Funktion verantwortet er die
Entwicklung neuer Sicherheitsprodukte und das Magenta-Secu-
rity-Portfolio-Management bei der T-Systems International
GmbH. Dies umfasst auch die Bereitstellung von Produkten und
Lösungen entsprechend dem Zero-Impact-Ansatz von T-Systems.

Backofen trat 1991 dem Bereich Technik der Deutschen
Telekom bei. Seit 1995 war er in verschiedenen Leitungspositio-
nen im Marketing bei der Deutschen Telekom tätig. Als Senior
Vice President Portfolio Management, Presales und Marketing
bei der Telekom Deutschland GmbH verantwortete Backofen zuletzt das Portfolio-
Management von Festnetz-, Mobilfunk- und IT-/Cloud-Produkten für Geschäftskunden.
Backofen ist Diplom-Ingenieur für Informationstechnik und studierte an der Technischen
Universität Chemnitz.

Cyber Security – What's next?

11

Thomas Tschersich

Wollen Unternehmen die zukünftigen Technologien von IT-Sicherheit erfolgreich einsetzen, braucht es ein Umdenken: von der latenten Aufrüstungsspirale zur Abschottung gegenüber der Außenwelt hin zu einer Detektion im Inneren. Denn jedes Unternehmen muss davon ausgehen, dass früher oder später ein Angreifer in sein Netzwerk eindringen wird; viele Beispiele aus der jüngsten Vergangenheit haben genau das gezeigt. Dann heißt es, dies möglichst schnell zu erkennen und die Folgen des Angriffs zu beseitigen. Für diesen Schutz im Inneren werden in Zukunft Smart Data und künstliche Intelligenz benötigt. Es geht darum, schnell und mit einfach zu bedienenden oder automatisierten Mitteln den berechtigten Benutzer von den Angreifern zu unterscheiden – beispielsweise durch verhaltensbasierte Analysesysteme. Ziel muss es sein, die Auswirkungen von Angriffen auf Null zu senken: Zero Impact. Doch um zu verstehen, wie man als Verantwortlicher (s)ein Unternehmen dorthin bringt, muss man immer im Auge behalten, woher wir kommen.

11.1 Motive der Angreifer mit jeder Generation böswilliger

Vom privaten Anwender über Unternehmen bis zu Regierungsorganisationen oder NGOs – so breit gefächert wie die Art der Teilnehmer am globalen Datenverkehr ist die Palette der möglichen Datendiebe. Nicht wenige sind heute Opfer und morgen selbst Angreifer – wenngleich in vielen Fällen unwissentlich. Bei aller Unübersichtlichkeit gilt eines seit jeher als sicher: Für niemanden auf der einen Seite gibt es absoluten Schutz vor denen auf der anderen – eine Erfahrung, die unter anderem die amerikanische Sicherheitsfirma HBGary Federal machen musste.

Sehr öffentlichkeitswirksam hatte deren CEO Aaron Barr in einem Interview in der Financial Times erklärt, in einer monatelangen Aktion die Aktivistengruppe Anonymous unterwandert zu haben und nun dem FBI sämtliche Identitäten des Top-Managements dieser Gruppe nennen zu können (vgl. Menn 2011). Keine 24 Stunden später konterte Anonymous mit dem Diebstahl von 60.000 E-Mails des HBGary-Managements und veröffentlichte in einer dezidierten Liste deren haarsträubende Security-Lücken – darunter technische Sicherheitsmängel ebenso wie simple Verhaltensfehler, etwa den, dass selbst die Spitzen von HBGary wie CEO Aaron Barr und sein Chief Operations Officer nicht nur für ihre privaten E-Mail-, Twitter- und LinkedIn-Accounts, sondern auch für Schlüsselsysteme des Unternehmens immer die gleichen, noch dazu sehr einfachen Passwörter nutzten (vgl. Schmidt 2011).

Noch bis vor etwa 15 Jahren, in den Anfängen der „Internetkriminalität" oder besser „IT-Sicherheit", ging es Hackern um Ruhm und Ehre, vorrangig nach dem Motto „Schau mal, was ich kann!" beziehungsweise „Schau mal, was ich gefunden habe!". Zu dieser Zeit handelte es sich noch nicht um Online-Kriminalität im eigentlichen Sinne, aber das Fundament war gelegt. Diese Adaption internetkrimineller Handlungsmuster durch oftmals organisierte Gruppen beziehungsweise Hacker-Kollektive, denen es um Geld geht – Stichwort Kommerzialisierung der Cyberkriminalität – beobachten wir massiv erst seit rund einem Jahrzehnt. Phishing-E-Mails, DDoS-Attacken auf Online-Shops oder das Verbreiten von SPAM waren plötzlich die Instrumente, die in „Geschäftsfeldern" wie Betrug, Erpressung oder Geldwäsche zum Einsatz kamen.

In der dritten Welle, vor etwa fünf Jahren, kamen die Hacktivisten hinzu, die aus Gründen politischer Forderungen zum Cyberangreifer wurden. DDoS-Attacken gegen Banken, die der Enthüllungsplattform Wikileaks die Konten gesperrt hatten, oder Angriffe, die den Datenverkehr von Unternehmen in Form „digitaler Sitzblockaden" lahmlegen, sind Instrumente, mit deren Einsatz sie ihre gesellschaftlichen, wirtschaftlichen oder ganz allgemein politischen Botschaften verknüpfen.

In jüngerer Zeit wurde nicht zuletzt durch die sogenannten „Snowden Leaks" ein besonderes Augenmerk auf staatliche Akteure gelenkt. Zwar waren Nachrichtendienste schon seit jeher auch im Cyberraum unterwegs, aber im öffentlichen Bewusstsein kann man jene durchaus als die jüngste „Generation" der Cyberkriminellen ansehen, die im staatlichen Auftrag oder zum Zweck der Wirtschaftsspionage geeignete Opfer für Sabotage oder Informationsbeschaffung im Netz suchen. „Stuxnet" (vgl. New York Times 2016) oder „Red October" (vgl. Kaspersky Lab 2013) sind nur zwei Beispiele für Attacken, die – mutmaßlich von Nachrichtendiensten oder staatlich gelenkten Organisationen ausgeführt – weltweit Schlagzeilen machten.

Man muss natürlich feststellen, dass es alle oben beschriebenen Kriminalitätsformen und Angriffe auch schon zuvor gegeben hat. Aber in der Reihenfolge der Darstellung haben sich jeweils entsprechende Spitzen herausgebildet. Unterm Strich dieser Entwicklung bleibt festzustellen:

- Die Motive und Charaktere der Angreifer haben sich gewandelt.
- Die Attacken verursachen Jahr für Jahr bei Unternehmen immer empfindlichere wirtschaftliche Einbußen, die Sicherheitsexperten zufolge aktuell bis zu 575 Milliarden US-Dollar erreichen und damit mehr Schaden verursachen als die globale Drogenkriminalität (vgl. Bauer 2014).
- Methoden und Werkzeuge sind bei allen Tätergruppen sehr ähnlich geblieben.
- Aber die Ressourcen und der Aufwand im Hintergrund sind sehr unterschiedlich.

Letzteres machen Datendiebstähle wie bei Wikileaks oder jüngst den Panama Papers im Vergleich zu Angriffen wie Stuxnet deutlich. Sind es auf der einen Seite Mitarbeiter mit Administratorenberechtigung, die das Datenleck möglich machten, geht anderen Angriffen mitunter zunächst die jahrelange Entwicklung einer speziellen Software voraus. Alles eine Frage der Möglichkeiten, konkret der Finanzmittel. Am Beispiel staatlicher Akteure mag zur Orientierung dienen, dass allein die Budgets der fünf US-Geheimdienste CIA, NSA und Co. von Wikileaks für 2013 mit 45,2 Milliarden US-Dollar angegeben wurden (vgl. Zeit online 2013) – eine Summe, die den Jahresumsatz nicht weniger DAX-Unternehmen deutlich übersteigt.

Nicht auszudenken, wie hoch die Summe aller Finanzmittel sämtlicher Cyberangreifer sein mag! Wie ungleich die Waffen zwischen potenziellen Angreifern und möglichen Opfern aber auch an anderer Stelle verteilt sind, macht folgende Zahl deutlich: Ein Unternehmen wie die Telekom muss alleine in Deutschland mehr als 3.000 eigene, direkt mit dem Internet verbundene Systeme schützen – ein Hacker hingegen muss nur eines dieser Systeme knacken, um erfolgreich zu sein.

Radikalität der Angriffe wird steigen. Waren es anfangs vor allem intrusive Angriffe, die missliebige Akteure allein über ihr Durchdringen der Unternehmensabwehr schon zufrieden stellten, sind es seit Anfang dieser Dekade verstärkt disruptive Attacken, in deren Folge die Verfügbarkeit der angegriffenen Systeme beeinträchtigt wird oder ihr Verkehr in der Regel empfindlich gestört, blockiert oder sabotiert wird. Dahinter steckt zumeist eine digitale Erpressung, verbunden mit einer Lösegeldforderung. Angriffsszenarien der Zukunft werden sich jedoch verstärkt gegen die Integrität der Daten richten. Anders gesagt: Ging es Angreifergruppen bisher immer darum, Daten so, wie sie sind, zu erbeuten oder ihre Verfügbarkeit beziehungsweise ihren Verkehr zu unterbinden, werden die Attacken der Zukunft – was heute noch kaum eine Rolle spielt – auf die Veränderung der Daten abzielen. Und daraus erwächst eine komplett neue Risikolandschaft.

Nur ein Beispiel sind Eingriffe in den Straßenverkehr. Remote-Attacken auf Autos, ihr Bremsverhalten, der plötzliche Ausfall der Scheibenwischer oder der Beleuchtungsanlage – von autonom fahrenden Autos noch gar nicht zu reden – können einen möglicherweise lebensbedrohlichen Ausgang nehmen. Gleiches gilt für Datenmanipulationen im Gesundheitswesen, wenn etwa bei der Übertragung von Patientendaten kurz vor einer Operation die Blutgruppe des Patienten geändert wird. Die Folgen einer Fehlbehandlung – wie sie Anfang 2016 bei Angriffen auf mehrere Kliniken in Nordrhein-Westfalen nur deshalb vermieden wurden, weil es den Tätern laut Landeskriminalamt um reine Erpressung von Lösegeld ging und weil Ärzte die Behandlung ihrer Patienten wegen nicht verfügbarer Daten nicht fortsetzen konnten – kann sich jeder ausmalen (vgl. Polizei/Landeskriminalamt Nordrhein-Westfalen 2016).

Security-Hausaufgaben – oder die schlimmsten Fehler der Unternehmen. Zu den Dingen, die Unternehmen ändern müssen, zählt vor allem zuerst die Philosophie ihrer Verteidigung, dann deren Ökosystem und damit im nächsten Schritt die Betrachtung dessen, was in Zukunft alles geschützt werden muss. Im Status quo der allermeisten Unternehmen werden PCs und Server geschützt, und einen Virenschutz haben auch die meisten Anwender, zumindest für ihren PC. Bei Software-Updates treten schon die ersten Lücken auf, weil sie als zu kompliziert und zeitaufwendig empfunden werden. Werden Betriebssystem-Updates vielleicht noch regelmäßig und zeitnah vorgenommen, fallen Anwendungsprogramme, die genauso kritische Lücken enthalten können, oft unter den Tisch. Auch sind die Update-Zyklen in Unternehmen häufig viel zu langsam. So nutzen Angreifer neue Lücken bereits Stunden nach deren Bekanntwerden massenhaft aus, während Unternehmen die Updates der Hersteller oft erst nach Wochen oder Monaten einspielen. Ganz zu schweigen davon, dass es noch eine ganze Reihe weiterer IT-Systeme wie Mobiltelefone, Anlagensteuerungen etc. gibt, die aktuell zumeist überhaupt nicht betrachtet werden. Solche Nachlässigkeiten, von Cyberkriminellen einmal entdeckt, sind geradezu eine Einladung für Angreifer und machen eins deutlich: Security und Laissez-faire sind zwei unvereinbare Welten.

Dass sich dieses Verständnis noch immer nicht durchgesetzt hat, ist eine der Hauptursachen dafür, dass sowohl die Vorbereitung eines Angriffs in 84 Prozent der in einer Studie des US-Telekommunikationskonzerns Verizon im vergangenen Jahr untersuchten Fälle als auch das nachfolgende Erreichen des eigentlichen Zielsystems für die Angreifer jeweils nur wenige Stunden benötigten. Demgegenüber wurden die Angriffe in 62 Prozent der Fälle von den Unternehmen selbst erst nach Monaten erkannt (vgl. Verizon 2016).

Ungleich größere Lücken in der Unternehmenssicherheit wird in Zukunft die Tatsache aufreißen, dass wir das Smartphone immer noch als Telefon betrachten und nicht als Computer. In diesem Sinne wird heute völlig unterschätzt, wie schnell Smartphones zur fremdgesteuerten Cyberwaffe umfunktioniert werden können – und sei es nur, um als Abhörgerät missbraucht zu werden, auf Fotos und Videos zuzugreifen oder als Bluetooth-Schnittstelle zu peripheren Anwendungssystemen des Users zu dienen.

Ein ungleich attraktiveres Ziel sind Mobiltelefone für Hacker, die diese Geräte zum Beispiel für Botnets einspannen wollen, um aus einem Netzwerk fremdbestimmter Devices beziehungsweise Rechner automatisierte Angriffe gegen Dritte zu fahren. Damit werden Angriffe wie DDoS (Distributed Denial of Service) gegen Websites oder andere Services ausgeführt, um nur ein Beispiel zu nennen. Im Ergebnis können Hacker so mit nur zehn gekaperten Smartphones jede E-Commerce-Plattform lahmlegen. Die Methode dahinter sind beispielsweise sogenannte NTP-Reflection-Angriffe (vgl. Akamai Technologies 2015). Dabei wird der Standard „Network Time Protocol" zur zeitlichen Synchronisierung von Computersystemen missbraucht, um einen Server dazu zu bringen, weitere Server im Internet mit NTP-Paketen sprichwörtlich anzugreifen (vgl. NTP 2016).

Was brauchen die Angreifer dafür? – Hohe Bandbreite und schlechten Schutz. Die wenigsten Smartphones verfügen heute über eine Sicherheitssoftware, sind aber bandbreitentechnisch schon den meisten PCs deutlich überlegen. Was Kriminellen zusätzlich in die Hände spielt, sind offene Architekturen wie beim Betriebssystem Android von Google. Mit dem Geschäftsmodell der Amerikaner, Nutzerverhalten und Nutzerdaten in Werbung zu monetarisieren, dafür also viel Content aus x-beliebigen Quellen zu generieren, wird

Android als Smartphone-Betriebssystem mit einem Marktanteil von über 80 Prozent zur offenen Einladung für jeden Kriminellen. Hat es beim Windows-System etwa 14 Jahre gedauert, bis 450.000 Schadsoftware-Varianten aufgelaufen waren, brauchte Android dafür nicht einmal zehn Monate.

Kaum sicherer dürfen sich Unternehmen fühlen, die ihre Mitarbeiter mit iPhones ausstatten. Zwar ist Apples Betriebssystem in sich viel geschlossener und in seiner Architektur besser geschützt, weil das Geschäftsmodell anders funktioniert als das von Google, perfekt ist es aber auch nicht. Einer der Gründe dafür ist das so beliebte Jail Breaking, also die Restriktionen eines Handyherstellers – in diesem Fall Apple – zu knacken, um sich auch auf iOS-Handys Software am Apple-Store vorbei von alternativen Marktplätzen herunterzuladen.

Von uns durchgeführte Tests ergaben, dass ein ge-jailbreaktes und mit dem Internet verbundenes iPhone innerhalb eines Jahres rund 300.000-mal automatisiert angegriffen wurde. Rund 330 dieser Attacken waren so erfolgreich, dass sich die Angreifer frei in dem von uns als „Honeypot" ausgelegten Handy bewegen konnten. Doch gerade im Bereich Jailbreaken und Rooten ist nicht alles nur schwarz oder weiß: Ein versierter User kann mit dem Erlangen von erhöhten Rechten auf seinem Gerät eben auch sein Sicherheitslevel erhöhen, wenn er denn weiß, was er da tut. Und es gibt eine lebendige CustomRom-Szene, die für viele der beliebten Geräte eben auch Betriebssysteme mit aktuellen Sicherheitsupdates entwickelt.

Doch auch iPhones, die nicht ge-jailbreakt wurden, sind vor Angriffen durch Hacker nicht zwangsläufig sicher. Trend Micro (vgl. Trend Micro 2015) hat bei einer Analyse der schon seit vier Jahren weltweit laufenden Operation Pawn Storm (vgl. Trend Micro 2014) ein Tool entdeckt, das sich auf Attacken gegen iOS-Geräte fokussiert (vgl. iPhone Ticker 2015). Unternehmen sind von dieser breit angelegten Malware-Kampagne ebenso betroffen wie die Politik und das Militär verschiedener Länder. Die Besonderheit von Operation Pawn Storm – „Bauern-Sturm", angelehnt an eine Schachstrategie – besteht darin, statt der Zielperson zunächst die Devices von Personen zu infizieren, die in einer möglichst engen geschäftlichen oder persönlichen Beziehung zum eigentlichen Opfer stehen. Der Hintergedanke dieser Strategie ist offenbar, dass es erheblich einfacher ist, Schadsoftware über eine vertraute Quelle per E-Mail oder Direktnachricht zu übermitteln. Die Chance, dass ein solcher Angriff unbemerkt gelingt, ist deutlich höher als bei einer direkten Attacke.

Ein grundsätzliches Problem nicht nur für Unternehmen sind Smartphones, die vom Hersteller besonders preiswert auf den Markt gebracht werden, fortan aber nie mehr Sicherheitsupdates erhalten. Hier fehlt eine Policy, die alle Hersteller verpflichtet, Security-Updates über ein ganzes Handyleben hinweg – in der Regel mindestens zwei Jahre lang – sicherzustellen.

Lücken in unsere Abwehr wird zukünftig aber auch reißen, dass wir das steigende Risiko der zunehmenden Vernetzung unterschätzen. Ob Klimaanlagen und Fahrstühle in Unternehmen oder Haushaltsgeräte wie Kühlschrank, Fernseher etc. im privaten Umfeld – viele der Geräte und Dinge, die sich heute miteinander vernetzen lassen, wurden originär dafür gar nicht gebaut. Die Software wird zumeist bei der Produktion in diese Geräte eingebracht, eine Interaktion mit dem Benutzer – beispielsweise für das Einspielen von Updates – ist nicht vorgesehen beziehungsweise nicht möglich. Folgerichtig muss der Schutz für diese Geräte aus dem Netz kommen. In der Zukunft wird daher Sicherheitslösungen, die in Netzwerkinfrastrukturen eingebaut werden, eine noch höhere Bedeutung zukommen, als sie ohnehin schon haben.

Der klassische Perimeteransatz von Unternehmen, ihre Burgmauern immer höher, breiter, massiver zu bauen, brachte mit sich, dass Unternehmen ständig in Security investierten. Im Ergebnis konnten sie in der Regel dabei jedoch immer nur den Status quo halten. Das Ziel, ihr Schutzniveau zu erhöhen, haben sie damit aber kaum erreicht. Statt gezwungenermaßen Geld für die Schadensbehebung ausgeben zu müssen, sollten sie Ressourcen freisetzen, deren Investment die eigene Security tatsächlich verbessert. Aber wie passt das mit dem steigenden Sicherheitsbedarf aus dem Netz zusammen? – Im ersten Schritt, so simpel es klingt, indem wir alte, aber auch immer wiederkehrende Hausaufgaben endlich – und fortan auch immer – sofort erledigen.

11.2   Cyber Security – der schlafende Riese in Unternehmen

Erfolgreiche Abwehr von Cyber Crime basiert auf drei Säulen: Prävention, Detektion, Reaktion. Ich würde so weit gehen zu sagen, dass mindestens 95 Prozent der weltweit täglichen Abermillionen Cyberangriffe erfolglos ins Leere liefen, wenn Unternehmen die Grundregeln der Prävention beherzigten: Dass End-User und leider auch Unternehmen (weil sie die Testaufwände scheuen) Software-Updates nicht schnellstmöglich durchführen, sondern es nach mehrmaligem Hinausschieben irgendwann quasi endgültig „verschlafen“, ist die mit Abstand größte Schwachstelle.

Und die meisten Angriffe, die die Lücke fehlender Software-Updates ausnutzen, folgen einem bewährten Muster: Das Grundprinzip der Schutzkonzepte in Unternehmen basiert darauf, dass es eine innere – vertrauenswürdige – Infrastruktur gibt und eine – nicht vertrauenswürdige – Außenwelt. Getrennt werden diese Welten stark vereinfacht gesagt mittels sogenannter Firewalls – der digitalen Brandschutzmauer. Das Prinzip dieser Brandschutzmauern ist einfach: Alles, was von außen kommt, ist per Definition „böse“ und wird geblockt, alles von innen ist gut und darf passieren. Hier setzen die Angreifer an: Über das sogenannte Social Engineering wird das Umfeld potenzieller Adressaten von Lock-E-Mails ausgespäht, die – wenn nicht beim ersten oder zweiten, dann aber beim dritten oder vierten Versuch – erfolgreich als Köder funktionieren. Im Klartext: das Interesse des Empfängers so weit wecken, dass er die E-Mail liest und einen in der Regel mitgeschickten Anhang öffnet. Das kann beispielsweise ein PDF sein, das völlig normal aussieht, aber im Hintergrund wird sofort eine Schadsoftware ausgeführt, die aus dem Netz einen Trojaner nachlädt und automatisch installiert.

Beide Schritte erscheinen leider üblichen Firewalls völlig unverdächtig. Denn E-Mails gelten per se als Kommunikationskanal, der nach außen hin immer offen gehalten wird.

Das Nachladen des Trojaners erfolgt aber über eine Aktion, die von innen heraus durch den Rechner initiiert und daher von der Firewall – wie von ihr erwartet – als „ok" eingestuft wird. Mit diesem Rohr durch die Burgmauer hat jeder Angreifer freien Zugang zum System. Vom angegriffenen Rechner auf den File-Server, dort Daten ausgespäht, exfiltriert und die eigenen Spuren verwischt, ist ein Vorgang, der in konkreten Fällen nicht länger als einige Minuten dauert. Mit einer fatalen Folge: Der Angreifer ist jetzt „inhouse" und kann sich frei bewegen – die Firewall bleibt als „Burgmauer" buchstäblich außen vor.

Abhilfe leisten hier sogenannte APT-Detektionslösungen. APT steht für „Advanced Persistent Thread", quasi eine dauerhafte individuelle Sicherheitslücke. Lösungen wie Fire Eye, die jede ankommende E-Mail und die darin enthaltenen Anhänge auf ihr Verhalten hin überprüfen, schaffen Abhilfe. Sind die untersuchten E-Mails unauffällig in ihrem Verhalten, werden sie nach dem Check in einer virtuellen Maschine gleichsam durchgewinkt. Fängt die untersuchte Datei aber plötzlich an, unerwartete Aktivitäten zu entwickeln – zum Beispiel Software-Updates einspielen zu wollen, das Betriebssystem oder die Konfiguration zu verändern – unterstellt Fire Eye, dass es sich um eine mit einer Schadfunktion manipulierte Datei handelt, und blockiert diese. Der ganze Check erfolgt in Millisekunden ohne für den Postfachinhaber spürbare Verzögerung seines „normalen" E-Mail-Verkehrs. Die zukünftig benötigten Schutzmechanismen in den Netzen sind funktional völlig unterschiedlich zu den seit Langem etablierten „Burgmauern". Künftige Sicherheitsmodelle setzen nicht mehr auf das Prinzip der Einlasskontrolle an der Mauer, sondern auf das Verhalten von Software.

Ein zweiter neuer Weg, Unternehmensnetzwerke zu schützen, ist eine Sensorik, wie wir sie von einer Alarmanlage her kennen. Wie jedes Smartphone heute – etwa um GPS-Signale zu empfangen, Gesundheitsdaten oder Umweltdaten zu erfassen – könnte auch jeder PC mit Sensoren ausgestattet sein. Diese Sensoren können ständig den ein- und ausgehenden Datenverkehr und das Verhalten von Anhängen, Dateien & Co. auf Auffälligkeiten hin überprüfen sowie Anomalien sofort erkennen und einer zentralen Instanz weitermelden. Beispielsweise gibt es in vielen Unternehmensnetzwerken keine direkte Client-to-Client-Kommunikation. Beginnt also plötzlich ein PC am E-Mail-Server oder an Group Shares vorbei mit einem anderen PC direkt Kontakt aufzunehmen, gibt es aus Sicht des Security-Beauftragten, sofern entsprechende Sensoren ihn alarmieren, nur zwei Möglichkeiten: Entweder hat ein Mitarbeiter einen Dienst eingeführt und vergessen, davon etwas zu erzählen, oder ein Angreifer bewegt sich seitwärts im Netz von einem PC zum anderen.

Solche sensorischen Lösungen zur Detektion können den Angriff, der mitunter lange vorher erfolgt ist, zwar nicht mehr rückgängig machen, aber seine Folgen minimieren. Und das ist alles andere als ein schwacher Trost. Denn kein Unternehmen sollte heute noch davon ausgehen, sich dauerhaft vor Angriffen schützen zu können. Heute muss es für jeden Security-Beauftragten „Zero Impact" heißen, also das Ziel muss sein, die Auswirkungen von Angriffen gegen Null zu drücken. In diesem Sinne ist es nur logisch – und zugleich ein großer Wandel in der IT-Sicherheit insgesamt –, in Zukunft fortzukommen von der rein präventiven Betrachtung und seine Security-Investitionen gleichermaßen auch auf Detektion und Reaktion zu verteilen.

Bis dahin aber bleibt anzunehmen, dass die Methode Nummer eins der Angreifer, fehlende Software-Updates auszunutzen – so simpel sie seit jeher ist –, noch lange Zeit erfolgreich bleiben wird. Einfach weil Anwendern, ob in Unternehmen oder dem eigenen privaten Umfeld, die nötige Awareness fehlt. Das ist aus meiner Sicht vielleicht der wichtigste Grund dafür, dass Cyberkriminelle immer mit Formel-1-Wagen unterwegs zu sein scheinen und die Sicherheitsexperten – zumeist ohne Not – im Bobby Car hinterherhecheln.

Früher dauerte es im Schnitt noch Monate, um herauszufinden, welche Schwachstelle durch ein Update geschlossen wurde, und dafür dann ein sogenanntes Exploit (Angriffstool) zu entwickeln. Durch Reverse-Engineering, das den ursprünglichen Programm-Code und damit auch die Maßnahme zu seiner Verbesserung leichter extrahierbar macht, kostet das die „Underground Economy" heute nicht einmal einen halben Tag. Zwischen der Auslieferung des Patches für die Sicherheitslücke und dem massenhaften vollautomatisierten Einsatz von Werkzeugen, die eine einmal identifizierte Schwachstelle ausnutzen können, vergehen im Schnitt wenige Stunden. Das bedeutet: Für Unternehmen und Provider, die sie schützen, ist das Zeitfenster für eine angemessene Reaktion extrem überschaubar. Geschwindigkeit macht hier den Unterschied. Ein Sich-Verlassen auf den Virenschutz auf jedem Unternehmensrechner ist dabei keine ausreichende Hilfe. Denn er arbeitet nach dem Prinzip, dass er nur ihm bereits Bekanntes erkennt. Wenn Kriminelle ein Angriffswerkzeug aber zum ersten Mal einsetzen – oder gegebenenfalls überhaupt nur ein einziges Mal – tendiert die Chance, dass es detektiert wird, gegen Null. Denn vom Prinzip her funktioniert ein Virenschutz wie die Fingerabdruck-Kartei beim Bundeskriminalamt. Ist eine Methode, ein Angriffsweg oder ein Täter schon einmal aufgetreten, kann der Virenschutz ihn identifizieren. Ansonsten – keine Chance. Das heißt aber, eine Schadsoftware, die die Anti-Vireindustrie noch nicht kennt, kann unter Umständen monatelang „arbeiten", bevor sie enttarnt wird. Wenn irgendwann einmal das Update eingespielt wird und Alarm schlägt – „Schadsoftware auf dem Rechner" – ist es oft schon lange zu spät.

Das macht es für Unternehmen sehr wichtig, nachverfolgen zu können, wie lange eine Schadsoftware wirklich aktiv war. Entsprechend aufwendig kann es gegebenenfalls sein, den Schaden vollständig zu bereinigen. Denn Angreifer wissen natürlich, dass ihr „Einbruch" durch die Vordertür – via E-Mail-Zugang – früher oder später entdeckt und vom Software-Update verschlossen wird. Deshalb nutzen sie in der Regel die Zeit, um sich eigene Hinteraus- und -zugänge einzurichten. Deren Erkennung ist enorm aufwendig und teilweise fast unmöglich. Beim Angriff auf den Deutschen Bundestag, bei dem sich Hacker im Mai 2015 Zugriff auf 14 Parlamentsserver verschafft hatten (vgl. Zeit online 2016), musste das Computersystem komplett neu aufgesetzt werden (vgl. Holland 2015). Im Zweifel ist das tatsächlich die letzte verbleibende sinnvolle Maßnahme, um den klassischen Wettlauf des Hase-Igel-Spiels zwischen Angreifern und Opfern wenigstens einmal wieder auf null zu stellen.

Denn leider gilt in der Unternehmensrealität jedes Update als Bremser, getreu dem Motto „Never touch a running system". Die wahre Ansage müsste aber lauten: Wer Software-Updates nicht frühzeitig einspielt, ist selbst schuld. Im Klartext: Eine Investition, die sich lohnt. Denn – noch einmal: Simple Updates sind der Schlüssel, mit Ausnahme von Zero-Day-Exploits, praktisch alle Angriffe ins Leere laufen zu lassen.

11.3   Was wird uns schützen?

Im ersten Schritt ist es ein deutlich ausgeprägteres Bewusstsein für Bedrohungslagen. In Unternehmen treffen heute Manager Investitionsentscheidungen über IT-Sicherheit, die in ihrer beruflichen Laufbahn mitunter – abgesehen von ihrem PC – keinerlei Berührung mit IT und schon gar nicht mit IT-Security hatten. Zumeist ist IT-Security Bestandteil des Informatikstudiums – tatsächlich aber ein Querschnittsthema – durch alle Branchen, ergo auch durch alle Studiengänge. Ein Maschinenbauunternehmer, der in seinen Anlagen Module zur Fernwartung einbauen lässt, macht damit servicetechnisch – Stichwort „Predictive Maintenance" – einen Quantensprung. Nur: Wie das Modul funktioniert und welche Angriffsfläche seine Anlagen auf einmal bieten, ahnt er in der Regel nicht.

Da aber IT-Sicherheit jeden angeht, vom Pförtner bis zum CEO, und jeder ein Glied des Sicherheitssystems seines späteren Arbeitgebers sein wird, sollte sie bereits in den Unterrichtsplänen der Schulen fest verankert werden. Es schult die eigene Sensibilität – Stichwort „Security Awareness" – aber auch, sich immer vor Augen zu halten, dass jeder gehackte PC zur potenziellen Cyberwaffe gegen Dritte taugt. Dieses Bewusstsein auch mit Blick auf das private Umfeld ständig zu schärfen, wird wichtiger Bestandteil der eigenen Verteidigungsstrategie von Unternehmen werden müssen. Mit zwei Effekten: Unternehmen reduzieren die mögliche Angriffsfläche, die gegen sie wirkt, und steigern die Motivation der Mitarbeiter, sich mit dem Thema auseinanderzusetzen. Dies umso mehr, wenn sie einen privaten Nutzen sehen.

Wenn es um konkrete Lösungen geht, ist gleich eine Reihe von Lösungen zu nennen. Verschlüsselung ist zukünftig das Mittel der Wahl, um die Integrität von Daten zu schützen. Sie ist quasi der Werttransporter der Daten. Die Bundesbank käme auch nicht auf die Idee, Paletten mit Goldbarren oder druckfrischen 20-Euro-Noten der neuesten Generation auf offenen Pritschenwagen über die Autobahn zu transportieren. In der digitalen Welt machen wir aber genau das. Auch hier gilt – wie für nahezu alle Security-Anwendungen: Wenn sie obligatorisch eingesetzt werden sollen – Stichwort „Akzeptanz des Users" –, müssen Abwehr- und Schutzlösungen wie die Verschlüsselung drei Anforderungen erfüllen: einfach zu beziehen, leicht zu implementieren und unkompliziert in der Anwendung – oder im Idealfall automatisiert ablaufen.

Um das Einfallstor E-Mail bestmöglich zu schützen, eignen sich wie zuvor genannt Verhaltensanalysen im Netz oder in virtuellen Maschinen besonders auch für Advanced Persistent Threats (APT), die eine Schadsoftware, gegebenenfalls individuell zugeschnitten auf nur eine Person, einsetzen. Ob in Konzernen, bei Mittelständlern oder Start-ups – Technologievorsprünge als mögliche Beute lohnen aus Tätersicht, sehr viel Zeit und Handarbeit zu investieren, um Werkzeuge einzusetzen, die nur für einmalige, spezifische Aufgaben geeignet sind.

Darüber hinaus wird Sensorik im Netz zukünftig unerlässlich sein, um – Stichwort „Detection" – beispielsweise auffällige Client2Client-Kommunikationen über Verhaltensanalysen schnellstmöglich fest- beziehungsweise abzustellen. Cyber-Security-Sensoren wie Honeypots werden eine höhere Relevanz bekommen – nicht nur an strategischen Stellen im Unternehmensnetz, sondern in jedem Device (Smartphones), jeder Maschine und jedem Gerät. Denn täglich mehr als 400.000 neue Schadsoftware-Varianten, wie sie die Anti-Viren-Industrie heute weltweit registriert, kann niemand mehr analysieren. Darum wird der verhaltensbasierten Erkennung zukünftig eine entscheidende Rolle zukommen, um vollautomatisierte Aktionen zur Abwehr zu initiieren. Wenn aber Sensoren flächendeckend eingesetzt werden, ist die Hardware-Industrie besonders gefordert, den Anfang zu machen. „Ein Sensor für jeden PC" muss künftig der Standard sein.

Zum Überdenken der eigenen Security-Praxis gehört es auch, kritische und unkritische Anwendungen konsequent voneinander zu trennen und jede Komponente für sich mit Sensoren und Schutzmaßnahmen auszustatten. Der Austausch von Daten zwischen Systemen sollte auf jeden Fall immer authentifiziert erfolgen.

Ein neuer Trend wird sein, dass Sicherheit zukünftig Bestandteil der Information selbst und nicht der Infrastruktur sein wird, die die Information transportiert und verarbeitet. Ein Beispiel dafür sind Digital-Rights-Management-Techniken (DRM), die sicherstellen, dass Informationen bei der Übertragung weder eingesehen noch verändert werden können und damit sogar eine Art digitales Haltbarkeitsdatum bekommen könnten. Informationen oder Dokumente selbst beinhalten dann die Berechtigung, wer darauf zugreifen oder sie verändern kann. Der Infrastruktur kommt damit hinsichtlich der Gewährleistung der Sicherheit eine immer weiter nachgelagerte Bedeutung zu. Zumindest vom Ansatz her bietet etwa der Bilderdienst Snapchat eine Alternative: Er löscht das Foto nach einmaligen Ansehen durch den Empfänger selbst. Das kann sehr sinnvoll sein – nicht nur für gegebenenfalls peinliche Selfies.

Neben all den neuen technischen Möglichkeiten gilt es allein schon aus Gründen der Abschreckung, auch die Burgmauern hoch zu halten, allerdings nicht mehr ausschließlich auf ihre Schutzfunktion zu vertrauen.

Im Übrigen scheinen mir aber zwei Gedanken besonders wichtig: Die Zeiten der Geheimniskrämerei darum, dass man selbst Opfer eines Cyberangriffs wurde, sollten für Unternehmen endgültig vorbei sein. Sehen wir's doch lieber unter dem Motto „Willkommen im Club!". Die Liste derer, die heute schon dazu gehören, steht quasi für das Who's who der internationalen Wirtschaft. Und wer glaubt schon, dass ein Unternehmen unangreifbar ist?

Daraus ergibt sich für mich die Anschlussüberlegung: Wer sagt eigentlich, dass potenzielle Cyber-Crime-Opfer nicht genauso kollaborativ vorgehen dürfen wie die Angreifer? – Denn aus meiner Sicht gilt: „Security is for Sharing". Und zwar auf unterschiedlichsten Ebenen. Das Spektrum reicht von der CSSA-Plattform (Cyber Security Sharing and Analytics), auf der die größten Dax-Unternehmen bereits ihre Erfahrungen und Informationen über neue Angriffsmethoden und -typen untereinander austauschen (vgl. CSSA 2016), bis zur operativen Arbeit der Cyber Defense Center großer Provider. Haben diese den Angriff und das dahinter liegende Tool auf nur einen ihrer Kunden erstmals identifiziert, wird die Schutzlösung zur Abwehr automatisch auf jeden anderen Kunden übertragen. Mit dieser Art einer digitalen Nachbarschaftshilfe werden wir insgesamt in der Lage sein, bessere Verteidigungsstrategien leichter umzusetzen.

Ein Aspekt, der nach meiner Erfahrung in nahezu allen Security-Diskussionen auf dem C-Level von Unternehmen Gefahr läuft zu kurz zu kommen, ist die gleichwohl doch naheliegende Betrachtung, wo Administratoren in der Unternehmenshierarchie und im Gehaltsgefüge stehen. Denn Ziel jedes Angriffs ist es, eine administrative Berechtigung zu erhalten – das ist der Freifahrtschein für jeden Angreifer. Dann ist es aber gegebenenfalls ein strategischer Fehler von Unternehmen, diejenigen Mitarbeiter mit der höchsten Berechtigungsstufe („Die dürfen mehr als jeder CEO") und die jedes IT-Geheimnis kennen – anders gesagt die „Allmächtigen des Zugriffs" – auf mitunter der niedrigsten Hierarchiestufe zu halten. Hier rate ich dringend zu prüfen, inwieweit solche Mitarbeiter nicht sinnvollerweise der Verantwortung und ihrem Unternehmenswert entsprechend „angehoben" werden müssen – schon um die Angriffsfläche, die jedes Unternehmen bietet, wieder ein Stückchen kleiner zu halten.

Dringender Handlungsbedarf – Aber auch das vermeintliche All-Inclusive-Paket in Sachen Security der Zukunft hat noch Lücken. So werden Sicherheitsbeauftragte zu Recht reklamiert haben: „Wenn alles verschlüsselt wird, ist Malware-Erkennung im Netz unmöglich." Das stimmt leider. Aber wer sagt, dass das auf Dauer so bleiben muss? – Technologien zu entwickeln, die auch diese Hürde überspringen, ist quasi ein Forschungsauftrag für die Zukunft an alle IT-Lehrstühle dieser Welt.

11.4   Fazit

Aus meiner Sicht muss der Rat an Unternehmen lauten: Bewährtes behalten (und auch wirklich umsetzen) – aber zugleich viele neue Maßnahmen und Lösungen implementieren. In der Konzeption des Schutzes von Unternehmen steht die Sensorik im Innern – die Ausstattung praktisch aller beteiligter Hardware mit Sensoren – erst ganz am Anfang. Sie ist aber nötig, damit künftige Sicherheitsmodelle funktionieren und neue Arbeitsnormen wie „Bring your own device" nicht zum „Bring your own disaster" werden.

Gegebenenfalls empfiehlt sich nicht nur für kleine und mittelständische Unternehmen (KMU), das eigene Inhouse Security Operation Center durch externe Cyber Defense Center abzulösen, die mit breiterer Analysekompetenz, Forensik, Hunter-Teams und Anomalie-Erkennung auf Basis von Sensorik und Logik arbeiten, um daraus präventiv Lösungen und Verteidigungsaktionen abzuleiten und sofort zu initiieren.

Für Unternehmen sollte es darum gehen, den Nutzen der gesammelten Schwarmintelligenz eines Dienstleisters ernsthaft zu prüfen, der viele Systeme schützt, die Spezialisten dafür hat und Bedrohungen, die an einer Stelle auftreten, automatisiert für alle verhindert. Wer so weit noch nicht ist, sollte zumindest das Wissen der eigenen Community nutzen – das der potenziellen Opfer. Denn als solche werden Unternehmen, allem Wettbewerbsdenken zum Trotz, immer eine Gemeinschaft bleiben. Und last but not least – patchen, patchen, patchen!

Literatur

Akamai Technologies (2015): Reflection-Techniken für DDoS-Angriffe. http://www.itseccity.de/virenwarnung/statistiken/akamai110215.html. Zugegriffen: 18.05.2016.

Bauer, Hans-Peter (2014): „Mehr Schaden durch Cyberkriminalität als durch Drogenhandel". Interview in Manager Magazin. http://www.manager-magazin.de/unternehmen/it/enormes-wachstum-cyberkriminalitaet-ueberholt-drogenhandel-a-976184.html. Zugegriffen: 18.05.2016.

CSSA (2016). Website. http://www.cssa.de/. Zugegriffen: 18.05.2016.

Holland, Martin (2015): Nach Bundestag-Hack: Parlament bekommt neue IT-Sicherheitsstruktur. http://www.heise.de/newsticker/meldung/Nach-Bundestags-Hack-Parlament-bekommt-neue-IT-Sicherheitsstruktur-2810587.html. Zugegriffen: 18.05.2016.

iPhone Ticker (2015): Operation Pawn Storm: Malware zielt auf iOS-Geräte ohne Jailbreak. http://www.iphone-ticker.de/operation-pawn-storm-malware-zielt-auf-ios-geraete-ohne-jailbreak-77204/. Zugegriffen: 18.05.2016.

Kaspersky Lab (2013): Kaspersky Lab Identifies Operation „Red October," an Advanced Cyber-Espionage Campaign Targeting Diplomatic and Government Institutions Worldwide. http://www.kaspersky.com/about/news/virus/2013/Kaspersky_Lab_Identifies_Operation_Red_October_an_Advanced_Cyber_Espionage_Campaign_Targeting_Diplomatic_and_Government_Institutions_Worldwide. Zugegriffen: 18.05.2016.

Menn, Joseph (2011): Cyberactivists Warned of Arrest. http://www.ft.com/intl/cms/s/0/87dc140e-3099-11e0-9de3-00144feabdc0.html#axzz490kpLOzQ. Zugegriffen: 18.05.2016.

New York Times (2016): Cyberattacks on Iran – Stuxnet and Flame. http://www.nytimes.com/topic/subject/cyberattacks-on-iran-stuxnet-and-flame. Zugegriffen: 18.05.2016.

NTP (2016): Website des Network Time Protocol Projekts. http://www.ntp.org/. Zugegriffen: 18.05.2016.

Polizei/Landeskriminalamt Nordrhein-Westfalen (2016): Cybercrime-Angriffe auf Infrastrukturen von Krankenhäusern, Behörden, Unternehmen. https://www.polizei.nrw.de/lka/artikel__13193.html. Zugegriffen: 18.05.2016.

Schmidt, Jürgen (2011): Ausgelacht. Anonymous kompromittiert US-Sicherheitsfirma. http://www.heise.de/ct/artikel/Ausgelacht-1195082.html. Zugegriffen: 18.05.2016.

Trend Micro (2015): Pawn Storm Update: iOS Espionage App Found. http://blog.trendmicro.com/trendlabs-security-intelligence/pawn-storm-update-ios-espionage-app-found/. Zugegriffen: 18.05.2016.

Trend Micro (2014): Pawn Storm Espionage Attacks Use Decoys, Deliver SEDNIT. http://www.trendmicro.com/vinfo/us/security/news/cyber-attacks/pawn-storm-espionage-attacks-use-decoys-deliver-sednit. Zugegriffen: 18.05.2016.

Verizon (2016): Cybersecurity's Most Comprehensive Investigations Report. http://www.verizonenterprise.com/verizon-insights-lab/dbir/. Zugegriffen: 18.05.2016.

Zeit online (2016): Hackerangriff wurde aus Russland gesteuert. http://www.zeit.de/digital/2016-01/hackerangriff-bundestag-russland-nachrichtendienst-bundesanwaltschaft. Zugegriffen: 18.05.2016.

Zeit online (2013): Geheimes Budget von US-Nachrichtendiensten veröffentlicht. http://www.zeit.de/digital/datenschutz/2013-08/geheimdienste-haushalt-snowden-nsa-cia. Zugegriffen: 18.05.2016.

Autor

Thomas Tschersich leitet die Group Security Services der Deutschen Telekom AG und damit sowohl die Cybersicherheit als auch alle anderen operativen Sicherheitsthemen im Konzern. Seit April 2016 führt er außerdem den Bereich „Internal Security & Cyber Defense" für die künftige Telekom Security. In dieser Position steuert er übergreifende Services für die neue Einheit und verantwortet die weitere Stärkung der internen Gefahrenabwehr sowie den externen Launch des Cyber-Defense-Angebots der Telekom. Mit Telekom Security bündelt die Deutsche Telekom die Sicherheitsbereiche aus allen Konzerneinheiten.

Der studierte Energietechniker hat unter anderem den Aufbau eines Netzwerksicherheits-Teams bei der DTAG übernommen, war Referent für IT-Sicherheit und Informationsschutz in der Konzernzentrale, leitete den Bereich Sicherheitsstrategie und Politik im Zentralen Betrieb Konzernsicherheit sowie den Bereich Technical Security Services in der Group Business Security. Im Februar 2009 übernahm Tschersich die Leitung der Group Service IT Security – die Cybersicherheitseinheit der Deutschen Telekom. Hier verantwortet er konzernübergreifend die Sicherheit der Produktions- und IT-Infrastrukturen. Neben seiner Tätigkeit bei der Deutschen Telekom ist Tschersich in zahlreichen Gremien als Berater der Bundesregierung und des Europaparlamentes tätig.

Fazit

12

Ferri Abolhassan

12.1 Nichts geht mehr ohne das Internet

Das Internet hat innerhalb weniger Jahre die Art und Weise, wie wir leben, arbeiten und unsere Umwelt wahrnehmen, fundamental verändert. Dem Branchenverband Bitkom zufolge gehört der Umgang damit für den Großteil der Europäer längst zum Alltag: „Drei von vier EU-Bürgern zwischen 16 und 74 Jahren (76 Prozent) sind mindestens einmal pro Woche online" (Bitkom 2016). In Deutschland sind es im Durchschnitt sogar 84 Prozent. Damit ist das Internet also im Alltag angekommen. Ob Surfen, Chatten oder Spielen, ob Reisebuchung, Versicherungsabwicklung oder Banküberweisung – die Digitalisierung hat sich immer dann durchgesetzt, wenn eine App eine Dienstleistung einfacher, schneller und günstiger abwickelt als klassische Anbieter.

In der Business-Welt sind die Vorteile der Digitalisierung sogar noch spürbarer und umfangreicher. Allein durch das Internet der Dinge werden ganze Geschäftsmodelle und Prozesse revolutioniert – „Schneller, effizienter und flexibler" heißt die Devise, wenn beispielsweise Wartungsdaten von Maschinen oder Logistikdaten von transportierten Waren in Echtzeit zur Verfügung stehen. Oder wenn klassische, weltweit agierende Großbanken mit alternativen Zahlungsanbietern wie PayPal oder neuen Finanzdienstleistern – den dynamischen FinTechs – zusammenarbeiten und gemeinsame Angebote für Bankkunden entwickeln. Fest steht: Mit der Digitalisierung steigt das Datenvolumen exponentiell an und damit auch das Interesse, diese Daten zu missbrauchen – sei es durch Hacker & Co. oder durch Geheimdienste, die das Recht auf informationelle Selbstbestimmung und Gewährleistung der Privatsphäre missachten.

12.2   Gutes Internet, böses Internet

Auch wenn Otto Normalverbraucher und selbst Mitarbeiter und Verantwortliche in Unternehmen vor den Gefahren im Internet gerne die Augen verschließen und Risiken im täglichen Umgang mit digitalen Informationen verdrängen, hat eine Nutzergruppe das Wertschöpfungspotenzial des Internets längst erkannt: die Cyberkriminellen. Denn sie haben einen entscheidenden Vorteil: Im Gegensatz zum realen Leben sind Online-Straftaten grundsätzlich deutlich ungefährlicher. Wird ein Raub überhaupt entdeckt, dann erst mit einiger Verzögerung. Und es ist auch kein Zugriff mit geladener Waffe zu befürchten und damit keine Gefahr für Leib und Leben. Dies führt dazu, dass die größten Bankraube heute digital ablaufen. So stahl die Carbanak-Bande in einem Zeitraum von etwa zwei Jahren von rund 100 Finanzinstituten weltweit bis zu eine Milliarde US-Dollar. Sie begingen damit den größten Online-Bankraub überhaupt. Den Kriminellen ist nach aktuellen Erkenntnissen noch nicht das Handwerk gelegt (vgl. Computerwelt 2016).

Spätestens, nachdem Angriffe wie diese durch die Medien gingen, ist sich sicherlich auch der letzte Nutzer und IT-Verantwortliche über eines im Klaren: Daten sind online hohen Risiken ausgesetzt. Darum müssen umfangreiche Schutzmaßnahmen ergriffen werden, um auf der sicheren Seite zu sein. Dennoch tun die meisten User nichts oder zu wenig. Woran liegt das? Für die meisten Anwender, insbesondere im Privatbereich, scheinen Sicherheitsmaßnahmen zu teuer und zu kompliziert. „Bisher ist es ja auch immer gut gegangen." Warum sich also mit der neuesten Verschlüsselungslösung, Firewall oder einem neuen Passwort auseinandersetzen? Noch gravierender: In der Wirtschaft sieht es nicht viel besser aus. Denn viele Unternehmen sind nicht ausreichend gegen Angriffe von Cyberkriminellen geschützt. Und auch in Unternehmen ist der Mensch häufig die Schwachstelle. Was kann die beste Firewall ausrichten, wenn der Nutzer dem vermeintlichen IT-Support die eigenen Zugangsdaten über das Telefon durchgibt? Oder wenn aus Neugier ein auf einer Messe gefundener USB-Stick am Bürorechner ausprobiert wird? Bei diesen Social-Engineering-Angriffen hilft meist nur die kalte Dusche – also eine Konfrontation der Nutzer mit ihrem Fehlverhalten im Rahmen von Probeangriffen, kombiniert mit anschließenden Schulungen über die Risiken. Doch so weit sind die wenigsten Unternehmen, einmal ganz abgesehen von den Privatnutzern. Dabei ist dringend Aktion gefragt.

12.3   Cyber-Hase vs. Cyber-Igel

Die hohe Geschwindigkeit und Dynamik der Digitalisierung kommt den Cyberkriminellen bei ihren Machenschaften entgegen. Denn die Digitalisierung ist schneller als die Menschen und die Gesellschaft, in der wir leben, und weit schneller als die Gesetzgebung. Allein bei den gewaltigen Quantensprüngen, welche die Digitalisierung in den vergangenen Jahren zurückgelegt hat, mutet die Rechtsprechung sehr veraltet an. Dass die Datenschutzgesetzgebung längst nicht mehr den aktuellen Anforderungen entspricht, hat auch der Gesetzgeber erkannt. Zwar ist Deutschland dank des im Juli 2015 in Kraft getretenen IT-

Sicherheitsgesetzes einer der Pioniere in der Gesetzgebung für Cybersicherheit mit einer breiten Meldepflicht für Betreiber kritischer Infrastrukturen. Allerdings erfordert die EU-weite Harmonisierung der Regelungen noch einiges an Arbeit für alle Beteiligten. Mit der neuen EU-Datenschutzrichtlinie, die voraussichtlich 2018 in Kraft tritt, wird ein weiteres Regelwerk hinzukommen. Die IT-Verantwortlichen müssen also auch hier stets am Puls der Entwicklung bleiben, um zu wissen, was vorgeschrieben und was verboten ist.

Doch es sind nicht nur private Internetnutzer und Unternehmen betroffen. Die Cyber-bedrohungen haben längst globalpolitische Ausmaße erreicht. Man denke nur an Hacker-angriffe auf weltweit bedeutsame kritische Infrastrukturen, die Online-Rekrutierung von dschihadistischen Kämpfern oder autonome Waffensysteme. Und auch hier gilt: Die Ein-stiegshürden für Cyberkrieger sind deutlich geringer als bei klassischen Kriegsschauplät-zen. Nicht jeder kann eine Atomwaffe bauen, aber sehr wohl ein Virus entwickeln oder an ein ungesichertes Passwort gelangen. Diese Möglichkeiten haben den Charakter des mo-dernen Konflikts grundlegend verändert. Die Angriffsszenarien rufen weltweite Schutz-bündnisse auf den Plan und zwingen selbst globale Organisationen zum Handeln. So hat die NATO erst kürzlich das Internet zum eigenständigen Operationsgebiet erklärt und be-handelt Angriffe über Datennetze wie solche durch Land-, See- oder Luftstreitkräfte. Käme es zu entsprechenden virtuellen Attacken, könnten diese auch einen Bündnisfall auslösen. Der Schwellwert dafür ist noch nicht definiert. Sicher ist nur, dass die Bedrohungen sehr kritisch wahrgenommen werden.

Und auch die Bundeswehr rüstet mit eigenen Cyberspezialisten auf, um sich gegen die stetig zunehmende Gefahr so weit wie möglich zu schützen. Woher die in großer Zahl be-nötigten Cyberexperten kommen sollen, ist allerdings noch nicht geklärt. Denn – als gäbe es nicht schon genug zu tun im Bereich der IT-Security – herrscht auch noch ein Mangel an IT-Sicherheitsexperten. Dies betrifft alle Branchen sowie Organisations- und Unterneh-mensgrößen. Besonders schwerwiegend sind die Probleme aber im Mittelstand. Zwar wer-den bereits erste Security-spezifische Studiengänge angeboten, doch die Ausbildung einer ausreichenden Zahl an Experten wird auf lange Sicht noch viel Zeit in Anspruch nehmen. Darüber hinaus ist die Ausbildung anspruchsvoller als in anderen Fächern, bei denen Lehr-pläne über mehrere Jahre hinweg genutzt werden können. Da sich die Bedrohungen durch Cyberkriminelle so schnell weiterentwickeln, müssen Security-Experten ebenfalls höchst dynamisch ausgebildet werden, um stets auf dem neuesten Stand zu sein.

Doch es fehlt nicht nur an Experten und rechtlichen Vorgaben. Es mangelt auch an einer validen und belastbaren Strategie im Ernstfall. Die wenigsten CEOs oder CIOs wissen, wie sie sich bei einem Cyberangriff korrekt verhalten sollen. Sie täten allerdings gut daran, sich mit dieser Problematik auseinanderzusetzen. Denn je nach Geschäftsform haftet der Vor-stand persönlich, wenn das Risikomanagement im Unternehmen nicht funktioniert. Gerade dieses bietet der Geschäftsleitung die Möglichkeit, an ihrer Reaktionsfähigkeit und ihrer Cyber-Security-Strategie zu feilen. Indem beispielsweise militärische Methoden wie das Red Teaming oder Wargaming in die Businesswelt übertragen werden, lassen sich reale Gefahrensituationen dynamisch simulieren und das Zusammenspiel der internen Teams risikofrei testen.

Eine weitere Chance für CEOs und CIOs: Kooperation mit anderen Großkonzernen. Vereinigungen wie der Cyber Security Sharing and Analytics e. V. (CSSA) arbeiten eng zusammen, um sich gegenseitig rechtzeitig vor potenziellen Angriffen zu warnen. Und sie sind damit äußerst erfolgreich, konnten doch bisher schon potenzielle Schäden in Millionenhöhe verhindert werden, weil ein angegriffenes Unternehmen beispielsweise seine CSSA-Partner im Rahmen der „DDoS for Bitcoins"-Erpressungswelle 2015 warnte – und zwar eine Woche, bevor eine entsprechende Meldung vom BSI veröffentlicht wurde. Eine Woche ist im digitalen Zeitalter Gold wert, und so konnten sich die CSSA-Mitglieder früh schützen und etwaige Folgeangriffe abwehren. Dieser und weitere Ansätze haben Vorbildcharakter für Unternehmen, die auf der Suche nach geeigneten Lösungen sind, um die IT-Sicherheit der Zukunft zu stemmen.

12.4   „Einfach und sicher" heißt die Devise

Die vorliegenden Expertenbeiträge aus Wirtschaft, Politik und Gesellschaft verdeutlichen, dass es noch viel zu tun gibt, dass aber ebenso schon erste ausgezeichnete strategische Ansätze und IT-Lösungen existieren, mit denen sich Anwender gegen Cyberkriminelle schützen können. Bei der Vielzahl der technologischen Möglichkeiten – von Data Leakage Prevention über Security Information und Event Management bis hin zu Mobile Security sowie Identity und Access Management – kann es schnell passieren, dass Anwender den Überblick verlieren. Damit dies nicht geschieht, unterstützen Managed-Security-Services im Rahmen eines Rundum-sorglos-Pakets wie Security-as-a-Service oder Mobile-Security-as-a-Service. Dies ist ein zentraler Baustein in der IT-Sicherheitsstrategie. Ein weiterer Bestandteil ist Teamwork, nicht nur, weil vier Augen mehr sehen als zwei. Ob im eigenen Inhouse Security Operation Center oder im erweiterten externen Cyber Defense Center – es wird künftig auf eine möglichst breite Analysekompetenz ankommen, kombiniert mit Forensik, Hunter-Teams und Anomalie-Erkennung mithilfe von Sensorik und Logik, um präventive Lösungen und Verteidigungsaktionen auslösen zu können.

Aber es bedarf noch deutlich mehr. So muss beispielsweise der Austausch personenbezogener Daten im Rahmen bleiben, damit möglichst wenige Informationen von Nutzern den Risiken überhaupt erst ausgesetzt sind. Hierfür existieren bereits Modelle wie der P3P-Ansatz (Platform for Privacy Preferences) – eine vom World Wide Web Consortium international standardisierte Plattform zum Austausch von Datenschutzinformationen für Webangebote. Ziel von P3P ist es, den Internetnutzern wieder einen großen Teil ihrer Datenhoheit zurückzugeben, indem sie automatisiert erfahren, wenn Dritte auf ihre personenbezogenen Daten zugreifen, und diesen Zugriff verbieten können. Dieser Ansatz ist auch in anderen Bereichen denkbar, beispielsweise im Internet der Dinge. Denn nicht in jedem Fall benötigen Diensteanbieter wirklich alle personenbezogenen Daten, oftmals kämen sie auch mit pseudonymisierten oder anonymisierten Informationen aus. Diese vermeintlichen Kleinigkeiten beim Umgang mit personenbezogenen Daten können bereits dazu beitragen, dass essenzielle Informationen nicht in die Hände Krimineller geraten und missbraucht werden. Sie zeigen auch, dass Sicherheit nicht immer komplex sein muss, sondern sich den Arbeits- und Nutzungsprozessen anpassen kann.

Denn um auch gegenüber künftigen Bedrohungen sicher aufgestellt zu sein, darf eines nicht vernachlässigt werden: Damit IT-Sicherheit breit genutzt wird und helfen kann, muss sie noch einfacher zu bedienen, zu betreiben und zu beziehen sein – als Security aus der Steckdose nach dem Plug-'n'-Play-Prinzip. Die Cloud bietet dafür die wichtigste Grundlage, denn nur sie schafft die Ressourcen und die Flexibilität sowie durch das Hosting in umfassend gesicherten deutschen Rechenzentren nach nationalem IT-Sicherheitsrecht die Basis, um die digitale Transformation sicher zu verwirklichen. Und sie ermöglicht zukunftsweisende automatisierte Lösungen in den Bereichen Smart Data und Machine Learning (ML), wodurch sich die Sicherheits-DNA eines Unternehmens künftig gleich selbst optimieren, in Echtzeit Muster erkennen sowie sich eigenständig und selbstlernend weiterentwickeln kann.

Erfolgsfaktoren wie Qualität bei der umfassenden und lückenlosen Implementierung von Sicherheitslösungen in Unternehmen und Organisationen, die Ausbildung von Security-Experten sowie die Sensibilisierung der eigenen Mitarbeiter für die Bedeutung des Themas komplettieren diese langfristig ausgerichtete Erfolgsstrategie. Schließlich können Nutzer auch von Best-Practice-Beispielen aus anderen Wirtschaftsbereichen, wie zum Beispiel der Share Economy, profitieren und ihr Wissen über die Bekämpfung von Cyberbedrohungen teilen. Gemeinsam sind wir stärker. Dies gilt insbesondere für die IT-Security. Denn die Angreifer arbeiten auch zusammen und sind damit oft uneinholbar mehrere Schritte voraus. Lassen wir dies nicht weiter zu. Der Anfang ist gemacht.

Literatur

Bitkom (2016): Internet. https://www.bitkom.org/Marktdaten/Konsum-Nutzungsverhalten/Facts-zu-Internet.html. Zugegriffen: 05.07.2016.
Computerwelt (2016): Carbanak: Der Online-Bankraub geht weiter. http://www.computerwelt.at/news/technologie-strategie/security/detail/artikel/115084-carbanak-der-online-bankraub-geht-weiter/. Zugegriffen: 04.07.2016.

Elf Regeln für ein sicheres Internet of Things (IoT)

---

1. **Sicherheit von vornherein mitdenken:** Nachrüsten ist immer schwierig.

---

2. **Wissen, was verbunden ist:** Wer die einzelnen Verbindungen zwischen Dingen kennt, kann sie besser schützen und prüfen.

---

3. **Nicht alles verbinden, was geht:** Hier gilt das Sparsamkeitsprinzip: Nur verbinden, was sinnvoll und notwendig ist!

---

4. **Nur notwendige Kommunikation erlauben:** Vernetzte Dinge kommunizieren miteinander nur in vorher festgelegten Fällen.

---

5. **Kritische von nicht kritischen Systemen trennen:** Zum Beispiel Industrieanlagensteuerungen nicht direkt mit den Bürokommunikationsnetzen verbinden

---

6. **Logische Zonen bilden:** Darauf achten, Teile des Ganzen zu parzellieren, damit sich im erfolgreichen Angriffsfall der Schaden in Grenzen hält.

---

7. **Pentests einsetzen:** Wer vorher prüft, wie verwundbar er ist, kann sich rechtzeitig schützen.

---

8. **Software auf dem aktuellen Stand halten:** Wenn alle Systeme weltweit pünktlich gepatcht würden, ließen sich 95 Prozent der Angriffe verhindern.

---

9. **Verbindung zwischen den Dingen verschlüsseln:** Verschlüsselte Kommunikation sorgt dafür, dass auf dem Übertragungsweg keine Informationen abgegriffen werden.

---

10. **Zertifikate zur sicheren Identität jedes Dings einsetzen:** Nur berechtigte Personen können genau die Geräte ansteuern, die angesteuert werden sollen.

---

11. **Auf starke Partner setzen:** Sich im Zweifelsfall lieber professionelle Hilfe suchen und ein ganzheitliches Schutzkonzept erstellen lassen, wie es Unternehmen wie die Telekom anbieten.

Das Magenta Security Portfolio

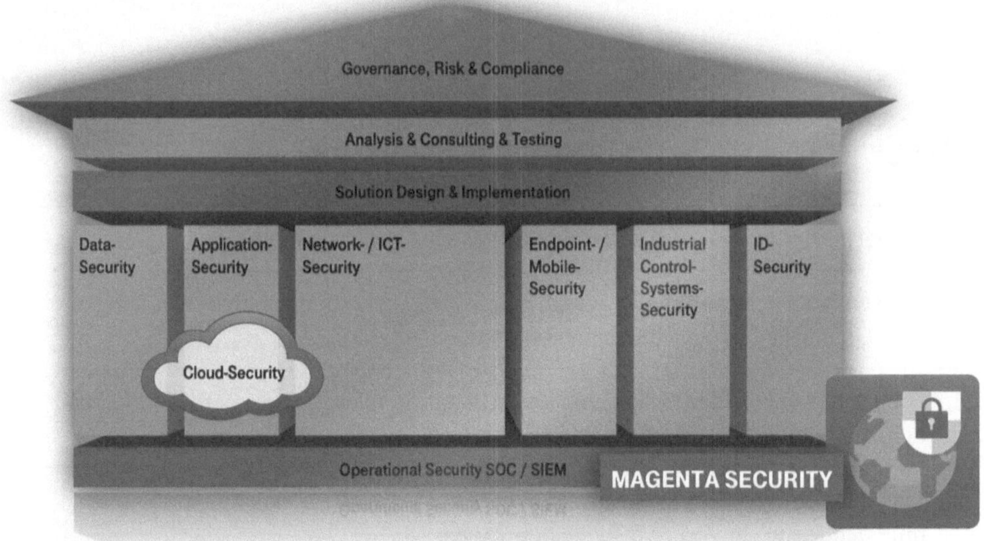

Übersicht Fachliteratur

Abolhassan, Ferri (Hrsg.): Security Einfach Machen. IT-Sicherheit als Sprungbrett für die Digitalisierung. Springer Gabler (2016), ISBN 978-3-658-14944-4

Abolhassan, Ferri / Kellermann, Jörn (Hrsg.): Effizienz durch Automatisierung – Das Zero-Touch-Prinzip im IT-Betrieb, Springer Gabler (2016), ISBN 978-3-658-10643-0, E-Book ISBN 978-3-658-10644-7

Abolhassan, Ferri (Hrsg.): The Drivers of Digital Transformation – Why There's No Way Around the Cloud, Springer Gabler (2016), E-Book ISBN 978-3-319-31824-0

Abolhassan, Ferri (Hrsg.): Was treibt die Digitalisierung? – Warum an der Cloud kein Weg vorbeiführt, Springer Gabler (2015), ISBN 978-3-658-10639-3, E-Book ISBN 978-3-658-10640-9

Abolhassan, Ferri (Hrsg.): Kundenzufriedenheit im IT-Outsourcing – Das Optimum realisieren, Springer Gabler (2014), ISBN 978-3-658-04748-1, E-Book ISBN 978-3-658-04749-8

Abolhassan, Ferri (Hrsg.): The Road to a Modern IT Factory: Industrialization – Automation – Optimization, Springer Gabler (2014), ISBN 978-3-642-40218-0, E-Book ISBN 978-3-642-40219-7

Abolhassan, Ferri (Hrsg.): Der Weg zur modernen IT-Fabrik: Industrialisierung – Automatisierung – Optimierung, Springer Gabler (2013), ISBN 978-3-658-01482-7, E-Book ISBN 9783658014834

Abolhassan, Ferri / Scheer, August-Wilhelm / Jost, Wolfram / Kruppke, Helmut (Hrsg.): Innovation durch Geschäftsprozessmanagement: Jahrbuch Business Process Excellence 2004/2005, Springer (2004), ISBN 978-3540220374; E-Book ISBN 9783642171383

Abolhassan, Ferri / Scheer, August-Wilhelm / Jost, Wolfram / Kirchmer, Mathias (Hrsg.): Change Management im Unternehmen: Prozessveränderungen erfolgreich managen, Springer (2003), ISBN 978-3-540-03437-7, E-Book ISBN 978-3-642-19020-9

Abolhassan, Ferri / Scheer, August-Wilhelm / Bosch, Wolfgang (Hrsg.): Real-Time Enterprise – Mit beschleunigten Managementprozessen Zeit und Kosten sparen, Springer (2003), ISBN 978-3540023562, E-Book ISBN 978-3-642-55458-2

Abolhassan, Ferri / Scheer, August-Wilhelm / Jost, Wolfram / Kirchmer, Mathias (Hrsg.): Business Process Change Management: ARIS in Practice (englisch), Springer (2003), ISBN 978-3-540-00243-7

Abolhassan, Ferri / Arend-Fuchs, Christine / Georgi, Hans-Peter / Müller, Peter / Zentes, Joachim: Der Handel im Internet-Zeitalter – Perspektiven für Handel und Konsumgüterindustrie mit myS-AP.com, Galileo Press (2001), ISBN 3898421147

Bericht aus der Praxis der Absolventen

Sarah Schuchardt, Alexander Schmitz

„Jedem Anfang wohnt ein Zauber inne, der uns beschützt und der uns hilft zu leben …"
(Hermann Hesse)

Nach dem dualen Studium (Sarah Schuchardt) beziehungsweise der Ausbildung zum Fachinformatiker für Systemintegration (Alexander Schmitz) startete mit diesen Worten im September 2014 unsere faszinierende Top up Qualification „Cyber Security Professional". In einer interessanten Kick-off-Veranstaltung unter Beteiligung von Vorständen der Deutschen Telekom und externen Cyber-Security-Experten erhielten wir viele Einblicke in das Thema, das uns zukünftig nicht mehr loslassen wird: Cyber Security.

Praktische Projekte als Ausbildungsschwerpunkt

Der Schwerpunkt des Cyber-Security-Professionals-Programms liegt in der praktischen Arbeit. Und so wurden uns von Beginn an interessante Projekte übertragen: Im Cyber Defense Center arbeitete Sarah an der Entwicklung eines Prototypen für die Visualisierung von Firewall-Logdaten für mittelständische Unternehmen (Cyber Threat Detector), der anschließend auf der CeBIT 2015 vorgestellt wurde. Der Cyber Threat Detector ist die Einstiegslösung und arbeitet nach dem Prinzip eines Cyber Defense Centers – allerdings in kleinerem Maßstab und standardisierter: Die Lösung sammelt, aggregiert und visualisiert alle Logdaten, die eine verbundene Firewall generiert. Diese Daten vergleicht der Detector mit Informationen über aktuelle und zurückliegende Cyberangriffe und deren Kontrollstrukturen. Erkennt die Lösung solche Kommunikationsmuster, schlägt sie Alarm und ermöglicht so ein schnelles Eingreifen. Darüber hinaus zeigt der Detector übersichtlich und in Echtzeit die Verkehrsströme in und aus dem Unternehmen, visualisiert diese nach Zielländern, internen Netzwerksegmenten und verwendeten Protokollen. So lässt sich zum Beispiel in Echtzeit erkennen, ob Daten aus Netzwerksegmenten nach außen gehen, aus denen im Regelfall keine Ströme fließen dürfen. Das neue Werkzeug ermöglicht zu Analysezwecken direkt in der grafischen Oberfläche eine einfache Eingrenzung der relevanten Daten durch verschiedene Filteroptionen. Nutzer des Threat Detector profitieren von der breiten Vernetzung und den Analysen der Telekom: Die Lösung vergleicht Angriffsindikatoren des Bundesamtes für Sicherheit in der Informationstechnik (BSI), bekannte Angriffsmuster, Daten aus allgemeinen Angriffsanalysen sowie Daten aus den 180 Lockfallen, mit denen das Unternehmen Cyberangriffe provoziert und analysiert.

Alexander arbeitete von Beginn an im Bereich Network Services and Data Centers an Projekten zur Sicherheit von Cloud-Speichern. Dabei bekamen wir von Anfang an jeweils einen Mitarbeiter aus unseren neuen Teams als Fachcoach zur Seite gestellt. Von diesen Kollegen wurden wir gerade in der Anfangszeit mit passenden Projekten und Ansprechpartnern, die für unsere tägliche Arbeit wichtig waren, unterstützt.

Virtuelle Ermittlungsarbeit als Modul-Abschlussarbeit
Zu den letzten zwei erfolgreichen Jahren der Weiterbildung zählt eine Vielfalt von Hochschulmodulen. Neben Netz- und Applikationssicherheit werden auch Themen wie Programmieren im IT-Security-Umfeld sowie Forensik gelehrt. Letztere war ein besonders nennenswertes Highlight. Im Modul „Methoden digitaler Forensik" wurde als Abschlussarbeit ein Internet-Strafdelikt dargestellt. Dabei handelte es sich um einen Webserver, der durch eine „local file inclusion"-Schwachstelle kompromittiert wurde. Dadurch war es dem Angreifer möglich, die Passwortdatei des Systems auszulesen. Uns wurden nun zwei Betriebssystemabbilder der potenziellen Verbrecher übergeben. Mittels unserer neu erlernten forensischen Kenntnisse sollten wir den Täter bestimmen – eine virtuelle Verbrecherjagd quasi.

Neben den Hochschulmodulen wurden wir auch in Hinblick auf unsere Soft Skills weiter geschult. Trainings wie „Kompaktwissen IT-Security" zu Beginn der Weiterbildung und Workshops wie „Rhetorik" und „Intercultural Communication" waren dabei besondere Höhepunkte. Fortschritte und Inhalte, die uns im Rahmen der Weiterbildung mithilfe der Module und Trainings vermittelt wurden, haben wir in einem „Cyber-Logbuch" festgehalten. Dies diente als Lernnachweis und Prüfungsvoraussetzung für die IHK und wurde alle zwei Monate in Einzelgesprächen mit unseren Lernprozessbegleitern und Fachcoaches besprochen. Um einen gemeinsamen Austausch der CSP-Teilnehmer zu ermöglichen, fanden im Abstand von sechs Monaten Reflexionsworkshops statt. In deren Rahmen diskutierten wir gegenwärtige Hochschulmodule, aktuelle Security-Themen und generelle Anregungen für das Programm.

Das Interesse an unserer Weiterbildung war direkt nach Beginn sehr groß: Da wir die ersten Teilnehmer eines völlig neuen Berufsbildes waren, gab es interne und auch externe (Presse-)Anfragen zu unserer Ausbildung. Und im Rahmen des IHK Bildungspreises 2016 haben wir das neue Programm repräsentiert und die Auszeichnung mit dem dritten Platz hautnah miterlebt.

Cyber-Security-Professionals-Weiterbildung als Start in absolute Zukunftsberufe
Zum Ende des Programms gilt es, ein spannendes Abschlussprojekt auszuarbeiten. Die einzige inhaltliche Anforderung ist dabei die Praxisnähe zu unserer täglichen Arbeit, sodass der Fokus auf den aktuellen Themenschwerpunkten der jeweiligen Security-Teams liegen muss. Am Ende der zweieinhalb Jahre steht eine mündliche Prüfung, in der neben dem Abschlussprojekt auch die vermittelten Inhalte abgefragt werden. Nach erfolgreichem Abschluss sind wir zertifizierte „Cyber Security Professionals" und starten hoch motiviert in absolute Zukunftsberufe. Wir wissen jedoch: „Es wird nicht immer leicht sein, den Zauber zu spüren ... höre nie auf anzufangen!"

Alexander Schmitz ist angehender Cyber Security Professional bei der Deutschen Telekom AG. Dort arbeitet er im Bereich Group Security Services und beschäftigt sich primär mit dem Thema Cloud Security. Schmitz ist gelernter Fachinformatiker für Systemintegration und beschäftigte sich während seiner Ausbildung insbesondere mit dem Konzipieren und Realisieren komplexer Systeme der IT-Technik durch Integration von Softwarekomponenten. Darüber hinaus installierte, konfigurierte und administrierte er vernetzte IT-Systeme und präsentierte Systemlösungen.

Sarah Schuchardt ist Cyber Security Professional Trainee bei der Deutschen Telekom AG. Dort arbeitet sie im Bereich Group Security Services / Cyber Defense Center & CERT. Schuchardt studierte Angewandte Informatik an der Dualen Hochschule Baden-Württemberg und arbeitete bei der T-Systems International GmbH. In dieser Zeit führte sie ein Software-Entwicklungstool für das Application Lifecycle Management und die Versionskontrolle großer Projekte ein. Darüber hinaus bewertete sie Schwachstellen anhand von Metasploit Exploits.

Glossar

Advanced Persistent Threat (APT) Ein gezielter Angriff und Ausspähversuch auf vertrauliche Daten und IT-Infrastrukturen (Übersetzung: fortgeschrittene, andauernde Bedrohung).

Big Data Die zunehmende Menge und Komplexität an Unternehmensdaten, die es gilt, effizient zu speichern, zu strukturieren und innerhalb kürzester Zeit für Analysezwecke zur Verfügung zu stellen – beispielsweise zur Risikoabschätzung in Echtzeit im Bereich Finance oder im Energiesektor.

Bring Your Own Device (BYOD) Trend, der beschreibt, dass Mitarbeiter ihre privaten mobilen Endgeräte wie Smartphones und Tablets auch im Unternehmensumfeld einsetzen. Basis hierfür ist ein umfassendes Konzept zur Integration der Hardware in die Unternehmens-IT.

Cloud Computing IT-Infrastrukturen und -Anwendungen (wie Software oder Speicherkapazität) aus einem Netzwerk, meist betrieben von einem Service-Provider. Die Daten werden nicht mehr auf den eigenen Speichermedien des Unternehmens vorgehalten, sondern im Rechenzentrum des Providers (siehe auch Private Cloud sowie Public Cloud).

Cryptolocker Ein verschlüsselter Trojaner, der in Systeme eingeschleust wird. Dort verschlüsselt er Dateien und fordert für die Entschlüsselung dieser Dateien ein Lösegeld (siehe auch Ransomware sowie Trojaner).

Cyber War Die kriegerische Auseinandersetzung innerhalb der Informationstechnologie. Dies sind beispielsweise Angriffe auf Computer, Daten, Informationen sowie Systeme.

Distributed Denial of Service (DDoS) Programme zum Start von Angriffen auf Rechner, Netzwerke oder Server. In der Regel wird dabei das Angriffsziel durch eine Vielzahl von

Verbindungsanfragen überlastet, sodass es nicht mehr erreichbar ist und seinen Dienst einstellt.

Firewall Sicherungssystem, das zwischen lokale und öffentliche IT-Infrastrukturen geschaltet wird, um das Eindringen in lokale Systeme von außen zu verhindern.

Hacktivismus Einsatz von IT-Infrastruktur für ideologisch, sozial und/oder politisch motivierte Aktionen.

Honeypot Programm oder System, das Angriffe auf sich zieht, um Eindringlinge vom eigentlichen Angriffsziel abzulenken und unschädlich zu machen.

Internet of Things Vernetzung von Gegenständen mit dem Internet, damit diese selbstständig kommunizieren und so verschiedene Aufgaben erledigen können (siehe auch Wearables).

Internet Protokoll (IP) Ein Netzwerkprotokoll, das Datenpakete von einem Sender über mehrere Netze hinweg zu einem Empfänger transportiert.

Intrusion Prevention Überwachung des Datenverkehrs innerhalb eines Netzwerks zur Erkennung und Blockierung von Angriffen durch die Analyse von Verhaltensmustern.

Load Balancing Lastverteilung innerhalb von Serverlandschaften oder Rechenzentren zur Steigerung der Geschwindigkeit des Gesamtsystems.

Machine Learning (ML) Oberbegriff für die künstliche Generierung von Wissen aus Erfahrung. So lernt ein künstliches System aus Beispielen und kann diese verallgemeinern, wenn die Lernphase beendet ist. Das System lernt also nicht nur die Beispiele auswendig, sondern „erkennt" Gesetzmäßigkeiten und Muster in den Daten.

Major Incidents (MI) Schwerwiegende Störung – beispielsweise ein Ausfall eines IT-Systems –, die eine gravierende Unterbrechung der Geschäftstätigkeiten verursacht und mit höherer Dringlichkeit gelöst werden muss, um einen erheblichen Schaden (zum Beispiel Reputationsverlust oder finanziellen Schaden) abzuwenden.

Malware Unerwünschte beziehungsweise schädliche Programme (siehe auch Trojaner, Virus sowie Wurm).

Managed Services Bereitstellung von Informations- oder Kommunikationsleistungen durch einen spezialisierten Anbieter in Form eines Rahmenvertrags.

Mobile Application Management (MAM) Software und Lösungen zur Bereitstellung intern entwickelter und öffentlich verfügbarer mobiler Anwendungen, die im Geschäftsumfeld genutzt werden. Neben Apps auf Dienstgeräten beinhaltet dies auch Anwendungen auf privaten Endgeräten im Rahmen einer BYOD-Policy (siehe auch Bring Your Own Device).

Mobile Content Management (MCM) Bereitstellung, Verwaltung und Sicherung von unternehmensinternen Dokumenten und Inhalten auf mobilen Endgeräten.

Mobile Device Management (MDM) Softwarebasierte zentrale Verwaltung mobiler Endgeräte in Bezug auf Inventar, Software, Datenverteilung und Sicherheit.

Network Time Protocol (NTP) Standard zur zeitlichen Synchronisierung von Computersystemen.

Outsourcing Auslagerung von Leistungen oder Bereichen an Dritte.

Patch Korrektur einer Software oder eines Systems zur Schließung von Sicherheitslücken.

Phishing Ausspähen persönlicher Daten durch gefälschte Websites oder Nachrichten zum Zweck des Identitätsdiebstahls. Bei Erfolg können beispielsweise Bankkonten oder E-Mail-Accounts des betroffenen Nutzers eingesehen und frei verwendet werden.

Predictive Maintenance (PdM) Überwachung eines Systems zur Vorhersage von Defekten oder Ausfällen mithilfe kontinuierlich oder intervallweise erhobener Daten.

Private Cloud Eine nicht öffentliche Variante der Cloud. Die Cloud-Infrastruktur wird dezidiert für ein Unternehmen beziehungsweise einen bestimmten Nutzerkreis betrieben – entweder von dem Unternehmen selbst oder von einem Provider (siehe auch Cloud Computing sowie Public Cloud).

Public Cloud Eine öffentliche Variante der Cloud. Die Cloud wird einem breiten Nutzerkreis zugänglich gemacht und ist über das Internet frei verfügbar (siehe auch Cloud Computing sowie Private Cloud).

Ransomware Schadprogramme, welche die Nutzung oder den Zugriff auf Daten einschränken oder verhindern und daraufhin Lösegeld für die Entschlüsselung beziehungsweise Freigabe fordern (siehe auch Cryptolocker).

Red Teaming Methode zur Überprüfung von Plänen, Strategien und Hypothesen im Rahmen einer Simulation. Der Begriff kommt aus dem militärischen Bereich, die Methode wird inzwischen aber auch von Unternehmen eingesetzt (siehe auch Wargaming).

Reverse-Engineering Erstellung eines Konstruktionsplans oder eines Quellcodes aus einem bereits fertigen System zur Rekonstruktion und ggf. Weiterentwicklung des Systems.

Sandbox Eine isolierte Software-Umgebung, die für Tests von Programmcodes genutzt werden kann. Wird im Bereich Security eingesetzt, um Malware gefahrlos zu aktivieren und ihre Mechanismen zu studieren.

Smart Data Generierung eines Mehrwertes aus Big Data durch intelligente Nutzung großer Datenmengen (siehe auch Big Data).

Social Engineering Zwischenmenschliche Beeinflussung, um Personen zu gewünschten Verhaltensweisen zu bewegen (zum Beispiel Herausgabe persönlicher Daten, Kauf bestimmter Produkte oder Services, Zahlung von Geldbeträgen).

Trojaner Schädliches Computerprogramm, das sich als nützliche Anwendung tarnt, im Hintergrund jedoch andere Funktionen erfüllt (siehe auch Malware).

Underground Economy Ökonomische Aktivitäten, die nicht vom Steuersystem erfasst werden (Übersetzung: Schattenwirtschaft).

Vendor-Lock-in Abhängigkeit von einem bestimmten Hersteller.

Virus Schädliches Computerprogramm, das sich selbst verbreitet, indem es andere Programme infiziert (siehe auch Malware).

Wargaming Simulation realer Gefahrsituationen, um Strategien risikofrei unter realistischen Bedingungen zu testen. Die Methode kommt aus dem militärischen Bereich, wird inzwischen aber auch von Unternehmen eingesetzt, um Security-Strategien zu testen (siehe auch Red Teaming).

Wearables Computertechnologien, die von ihren Nutzern am Körper getragen werden. Sie dienen meist der Unterstützung des Nutzers durch Sammlung, Verarbeitung und Weitergabe von Informationen (siehe auch Internet of Things).

Web Proxy Kommunikationsschnittstelle innerhalb eines Netzwerks, die Anfragen entgegennimmt und über die eigene Adresse eine Verbindung zum Empfänger herstellt.

Wurm Schädliches Computerprogramm, das sich selbst verbreitet, ohne dazu andere Dateien oder Bootsektoren zu infizieren (siehe auch Malware).

Zero-Day-Exploit Möglichkeit, eine Schwachstelle eines Systems oder Programms auszunutzen, bevor ein Patch als Gegenmaßnahme bereitsteht (siehe auch Patch).